## Bilingual Series

RUSSIAN-ENGLISH

# THREE TALES

## THE SNOWSTORM
## THE POSTMASTER
## THE UNDERTAKER

BY

## A. S. PUSHKIN

TRANSLATED BY

### R. T. CURRALL

RUSSIAN TEXT ACCENTED BY

### A. SEMEONOFF

PUBLISHED AND COPYRIGHTED

1945

BY

## TRANSATLANTIC ARTS, INC.

NEW YORK     LONDON

P9-EEJ-129

# А. С. ПУШКИН

Александр Сергеевич Пушкин считается первоначальником настоящей русской литературы. Он родился 26 мая 1799 года, и в его воспитании сыграли большую роль богатая библиотека его отца и влияние его няни, которая сумела заинтересовать ребёнка народным творчеством: былинами, сказками и песнями.

После окончания лицея он вступил в свет и в военную службу, но скоро был принужден, за свои свободные взгляды, отправиться из столицы на юг. В следующие годы он «изъездил Россию по всем направлениям» и познакомился со всеми слоями русского общества.

Хотя он был всегда под влиянием минуты, он оставался всётаки замечательным не только как поэт но также как личность, самыми светлыми чертами которой, при всей неровности его характера, были любовь к жизни вообще, а более всего, любовь к людям и к правде. В январе 1837 года, вызвавши известного французского эмигранта на дуэль, поэт был смертельно ранен и скончался 29го этого месяца.

Что касается литературной деятельности Пушкина, он был образованным знатоком как

# A. S. PUSHKIN

ALEXANDER SERGYÉYEVITCH PÚSHKIN is regarded as the founder of modern Russian literature. He was born on the 26th of May, 1799. In his early education the two most important factors were his father's library and the influence of his nurse, who managed to interest the boy in every kind of popular creation in literature : sagas, tales, songs.

On leaving college he entered society and took up military service, but ere long he was obliged, on account of his liberal views, to leave the capital for the South. In the following years he " traversed Russia in every direction," and became acquainted with every class of Russian society.

Although he was always a very impulsive man, he none the less remained remarkable not only as a poet but as a human personality, and with all his unevenness of temper, his most notable characteristic was love of life in general, but especially love for men and for the truth. In January 1837 the poet challenged a certain French *émigré* to a duel, in which the former was mortally wounded. He died on the 29th of the same month.

As for the literary activity of Pushkin, he was well versed both in the works of his Russian pre-

сочинений всех своих предшественников в России, так и английского, французского и немецкого творчества.

И хотя, в разное время своей жизни, он находился под влиянием французского восемнадцатого века, или современного европейского байронизма, или Шекспира, или даже Вальтер Скотта, он сделался в конце концов, по содержанию и по форме, самостоятельным и оригинальным писателем.

Славнейшие достоинства его состоят в том, что он освободил русскую литературу от подражении, сблизил поэзию, в стихах и в прозе, с своей и тогдашней русской общественной жизнью, сотворил истинно художественную форму в различных отделах литературы, и сделал реформу русского поэтического языка.

Самые важные сочинения Пушкина—следующие:

*Руслан и Людмила*, романтическая и грациозная поэма лёгкого стиля.

*Кавказский Пленник,*  } поэмы в романтичес-
*Братья Разбойники*  }  ком духе.

*Цыганы*, поэма написана под влиянием Байрона и Шатобриана, но характеризована драматическим стремлением и народностью.

*Полтава*, историческая поэма.

*Лирическое Творчество*.

*Евгений Онегин*, национальный роман в стихах.

*Борис Годунов*, национальная драма.

*Скупой Рыцарь*, драма.

*Моцарт и Сальери*, драма.

*Каменный Гость*, драма, имеющая героем Дон-Жуана.

*Русалка*, фантастическая а прекрасная руссификация немецкой оперы.

decessors and in the products of English, French, and German creative effort.

At various periods in his life he was influenced by the French eighteenth century, by contemporary European Byronism, by Shakespeare, and even by Sir Walter Scott, but in the end he became, both in content and form, an independent and original writer.

His greatest merits lie in the fact that he set Russian literature free from imitation, that he brought poetry, in prose and in verse, into close touch with his own life and the life of Russian society of his time, that, in various literary genres, he created a truly artistic form, and brought about a reform in Russian poetic speech.

The most important works of Pushkin are the following :

*Ruslan and Lyudmila*, a graceful, romantic poem in a light vein.

*The Prisoner of the Caucasus,* ⎫ poems written in
*The Robber Brothers,* ⎰ the romantic spirit.

*The Gypsies*, a poem written under the influence of Byron and Chateaubriand, but characterized by dramatic fire and national spirit.

*Poltava*, a historical poem.

*Lyrical Poetry.*

*Eugene Onyégin*, a national novel in verse.

*Boris Godunoff*, a national drama.

*The Avaricious Knight*, dramatic sketch.

*Mozart and Salieri*, dramatic sketch.

*The Statute Guest*, dramatic sketch, the story of Don Juan.

*The Water-nymph*, a fanciful but beautiful version of a German opera.

# А. С. ПУШКИН

*Капитанская Дочка* ⎫ исторические повести за-
*Дубровский* ⎭ мечательного реализма.

*Повести Белкина*, соединение рассказов напи-
санных в разное время а впервые изданных в
1831 году.

Из этих последних здесь приводятся текст и
перевод трёх рассказов.

## A. S. PUSHKIN

*The Captain s Daughter,*  } historical tales of re-
*Dubrovski,*          } markable realism.

*Tales of Byelkin,* a collection of tales written at various times, but first published in 1831.

It is from this collection that the three stories printed in this volume are taken.

# ТРИ ПОВЕСТИ

## А. С. ПУШКИНА

## МЕТЕЛЬ

В конце́ 1811 го́да, в эпо́ху нам достопа́мятную, жил в своём поме́стье Ненара́дове до́брый Гаври́ла Гаври́лович Р\*\*. Он сла́вился во всём окру́ге гостеприи́мством и раду́шием; сосе́ди помину́тно е́здили к нему́ пое́сть, попи́ть, поигра́ть по пяти́ копе́ек в босто́н с его́ жено́ю, Праско́вьей Петро́вною, а не́которые для того́, чтоб погляде́ть на до́чку их, Ма́рью Гаври́ловну, стро́йную, бле́дную и семна́дцатиле́тнюю деви́цу. Она́ счита́лась бога́той неве́стою, и мно́гие про́чили её за себя́ и́ли за сынове́й.

Ма́рья Гаври́ловна была́ воспи́тана на францу́зских рома́нах и сле́дственно была́ влюблена́. Предме́т, и́збранный е́ю,[1] был бе́дный арме́йский пра́порщик, находи́вшийся в отпуску́ в свое́й дере́вне.

Само́ по себе́ разуме́ется, что молодо́й челове́к пыла́л ра́вною стра́стию, и что роди́тели его́ любе́зной, заме́тя их взаи́мную скло́нность, запрети́ли до́чери о нём и ду́мать, а его́ принима́ли ху́же, не́жели отставно́го заседа́теля.[2]

---

[1] Буква́льно в перево́де: её вы́бора.
[2] По англи́йски: член уе́здного суда́. Уезд—госуда́рственное подразделе́ние губе́рнии.

# THREE TALES

## By A. S. PUSHKIN

## THE SNOWSTORM

TOWARD the end of 1811, for us a memorable time, there lived on his estate of Nyenaradovo the worthy Gavrila Gavrilovitch R. He was known throughout the district for his hospitality and kindly disposition. His neighbours were continually visiting him for the purposes of eating and drinking, to play boston for five-kopeck stakes with his wife, Praskovia Pyetrovna, and some of them, to look upon their daughter, Maria Gavrilovna, a shapely, pale-faced girl of seventeen. She was considered a rich match, and many a one thought of her (already) as married to himself or to (one of) his sons.

Maria Gavrilovna had been brought up on French novels and was consequently in love. The object of her choice [1] was a poor ensign, who was (then at home) in the country on leave.

It goes without saying, that the young man was consumed with an equal ardour, and that the parents of his beloved, observing their fondness for each other, had forbidden their daughter even to think of him, and that they made him less welcome than (if he had been) a discharged district court-assessor.[2]

[1] In Russian : chosen by her.
[2] Russ. : assessor. The 'district' is the administrative subdivision of a 'government.'

7

Наши любовники были в переписке и всякий день видались наедине в сосновой роще или у старой часовни. Там они клялись друг другу в вечной любви, сетовали на судьбу и делали различные предположения. Переписываясь и разговаривая таким образом, они (что весьма естественно) дошли до следующего рассуждения:

«Если мы друг без друга дышать не можем, а воля жестоких родителей препятствует нашему благополучию, то нельзя ли нам будет обойтись без неё?»

Разумеется что эта счастливая мысль пришла сперва в голову молодому человеку, и что она весьма понравилась романическому воображению Марьи Гавриловны.

Наступила зима и прекратила их свидания, но переписка сделалась тем живее. Владимир Николаевич в каждом письме умолял её предаться ему, венчаться тайно, скрываться несколько времени, броситься потом к ногам родителей, которые конечно, будут тронуты наконец героическим постоянством и несчастием любовников, и скажут им непременно: «дети! придите в наши объятия».[1]

Марья Гавриловна долго колебалась; множество планов побега было отвергнуто. Наконец она согласилась: в назначенный день она должна была не ужинать, удалиться в свою комнату под предлогом головной боли.

Девушка её была в заговоре; обе они должны были выйти в сад через заднее крыльцо, за садом найти готовые сани, садиться в них и ехать за пять вёрст [2] от Ненарадова, в село

---

[1] Англ.: руки.  [2] Верста = 1066 метров.

# THE SNOWSTORM

Our lovers corresponded with each other, and every day saw each other alone in the pine-grove or by the old shrine. There they swore eternal love, lamented their (unhappy) fate, and made various proposals (for bringing their troubles to an end). As a result of all this correspondence and conversation, they arrived, as was quite natural, at the following solution :

" If we cannot live without each other, and the will of cruel parents prevents our happiness, will it be impossible for us to do without (their consent) ? "

Of course, this happy thought occurred first to the young man, and (of course) it was very acceptable to Maria Gavrilovna's romantic imagination.

Winter came on and put an end to their meetings, but their correspondence became all the more frequent. Vladimir Nikolayevitch, in every letter, entreated her to give herself to him, to marry him secretly, (suggesting that they) remain for some time in concealment, and then throw themselves at the feet of her parents, who surely in the end would be touched by the heroic constancy and unhappy plight of the lovers, and would certainly say " Children, come to our arms ! " [1]

Maria Gavrilovna hesitated for a long time. Many plans for running away had been rejected. At last she consented. On the appointed day she was not to take supper, and was to retire to her room, under pretext of a headache.

Her maid was in the plot, and they were both to go down by the back-stair out into the garden ; beyond the garden they were to find a sledge ready (waiting), to get into it, to drive five versts [2] from Nyenaradovo, to the village of Zhadrino, and (to

---

[1] Russ.: embraces.      [2] Verst = 1066 metres.

Жа́дрино, пря́мо в це́рковь, где уж Влади́мир до́лжен был их ожида́ть.

Накану́не реши́тельного дня Ма́рья Гаври́ловна не спала́ всю ночь; она́ укла́дывалась, увя́зывала бельё и пла́тье, написа́ла дли́нное письмо́ к одно́й чувстви́тельной ба́рышне, её подру́ге, друго́е к свои́м роди́телям.

Она́ проща́лась с ни́ми в са́мых тро́гательных выраже́ниях, извиня́ла свой просту́пок неодоли́мою си́лою стра́сти и ока́нчивала тем, что [1] блаже́ннейшею мину́тою жи́зни почтёт она́ ту, когда́ позво́лено бу́дет ей бро́ситься к нога́м дража́йших её роди́телей.

Запеча́тав о́ба письма́ ту́льской [2] печа́ткой, на кото́рой изображены́ бы́ли два пыла́ющие се́рдца с прили́чной на́дписью, она́ бро́силась на посте́ль пе́ред са́мым рассве́том и задрема́ла ; но и тут ужа́сные мечта́ния помину́тно её пробужда́ли.

То каза́лось ей, что в са́мую мину́ту, как она́ сади́лась в са́ни, чтоб е́хать венча́ться, оте́ц её остана́вливал её, с мучи́тельной быстрото́й тащи́л её по́ снегу и броса́л в тёмное, бездо́нное подземе́лье... и она́ лете́ла стремгла́в с неизъясни́мым замира́нием се́рдца ;

то ви́дела она́ Влади́мира, лежа́щего на траве́, бле́дного, окрова́вленного. Он умира́я, моли́л её пронзи́тельным го́лосом поспеши́ть с

---

[1] Англ.: Когда она получила бы позволение броситься и т.д., она почла бы ту минуту блаженнейшею и т.п.

[2] Тула—главный город находяшийся в губернии того-же имени в средней России. Там выделяются железные и серебрянные товары всякого рода.

make) straight for the church, where Vladimir would be already awaiting them.

On the eve of the fateful day Maria Gavrilovna did not sleep all night. She was packing up her things and making bundles of clothing and linen. She wrote a long letter to a certain sentimental young lady, a friend of hers, and another to her own parents.

She bade them farewell in the most touching terms, excused the step she was taking (on the grounds of) the irresistible violence of her passion, and concluded by (saying) that when she received permission to throw herself at the feet of her dearest parents,[1] she would consider it the most blessed moment of her life.

Having sealed both these letters with a seal made in Tula,[2] on which were represented two flaming hearts with an appropriate inscription, she threw herself on the bed just before dawn and fell asleep. But even then, terrible dreams woke her up every few moments.

At one time it appeared to her that at the very instant when she was getting into the sledge to drive away to be married, her father was arresting her, that with painful swiftness he was dragging her over the snow and throwing her into a dark and bottomless dungeon. And there she was, flying headlong, with an unutterable sinking at the heart !

At another time she saw Vladimir lying on the grass, pale and bloody. He, (though) dying, was imploring her with a heartrending voice to make

---

[1] Russ.: the happiest moment of her life she will consider that one, when it will be allowed her, etc. etc.

[2] Tula is the capital city in the government of the same name in Central Russia. It is famous for the manufacture of hardware (iron and silver).

ним обвенча́ться... други́е безобра́зные, бессмы́сленные [1] виде́ния несли́сь пе́ред не́ю одно́ за други́м.

Наконе́ц она́ вста́ла, бледне́е обыкнове́нного и с непритво́рной голово́ю бо́лью. Оте́ц и мать заме́тили её беспоко́йство; их не́жная забо́тливость и беспреста́нные вопро́сы: «что с тобо́ю, Ма́ша [2]? не больна́ ли ты, Ма́ша?» раздира́ли её се́рдце. Она́ стара́лась их успоко́ить, каза́ться весёлою, и не могла́.

Наступи́л ве́чер. Мысль, что уже́ в после́дний раз провожа́ет она́ день посреди́ своего́ семе́йства, стесня́ла её се́рдце. Она́ была́ чуть жива́,[3] она́ вта́йне проща́лась со все́ми осо́бами, со все́ми предме́тами, её окружа́вшими

По́дали у́жинать; се́рдце её си́льно заби́лось. Дрожа́щим го́лосом объяви́ла она́, что ей у́жинать не хо́чется, и ста́ла проща́ться с отцо́м и ма́терью. Они́ её поцелова́ли и, по обыкнове́нию, благослови́ли: она́ чуть не запла́кала.

Прише́д в свою́ ко́мнату, она́ ки́нулась в кре́сла и залила́сь слеза́ми. Де́вушка угова́ривала её успоко́иться и ободри́ться. Всё бы́ло гото́во. Че́рез по́лчаса Ма́ша должна́ была́ навсегда́ оста́вить роди́тельский дом, свою́ ко́мнату, ти́хую де́вическую жизнь...

На дворе́ была́ мете́ль; ве́тер выл, ста́вни трясли́ся и стуча́ли; всё каза́лось ей угро́зой и печа́льным предзнаменова́нием.

Ско́ро в до́ме всё ути́хло и засну́ло. Ма́ша оку́талась ша́лью, наде́ла тёплый капо́т, взяла́

---

[1] Англ.: без связи.
[2] Англ.: Мария.
[3] Англ.: более мертва чем жива.

haste to marry him. And other formless, in-coherent[1] visions passed before her one by one.

At last she got up, paler than usual, and with a headache (that was) not assumed. Her father and mother noticed her restlessness. Their tender anxiety and incessant inquiries, " What is the matter with you, Mary ? "[2] " Are you not ill, Mary ? " rent her heart. She sought to calm them and to appear cheerful, but she could not.

Evening came. The thought that now, for the last time, she was spending the day in the bosom of her family, filled her heart with anguish. She was more dead than alive,[3] and was secretly bidding farewell to all the persons and objects surrounding her.

Supper was served. Her heart beat violently. In a trembling voice she declared that she had no inclination to take supper, and set about saying good-night to her father and mother. They kissed her, and, as usual, gave her their blessing. She could hardly refrain from weeping.

Having reached her room, she flung herself into an arm-chair and burst into tears. Her maid per-suaded her to calm herself and to pluck up courage. All was ready. In half an hour Mary was to leave for ever her parents' house, her own room, the quiet maidenly (tenor of her) life.

Outside a storm was raging. The wind was howling, and the window-shutters were shaking and rattling. It all seemed to her a menace and an evil omen.

Soon all became still in the house and (every one) had gone to sleep. Mary wrapped her shawl

---

[1] Russ. : senseless.
[2] Diminutive form of the name is used in the original.
[3] Russ. : hardly alive.

в руки шкатулку свою и вышла на заднее крыльцо. Служанка несла за нею два узла.

Они сошли в сад. Метель не утихала; ветер дул навстречу, как будто силясь остановить молодую преступницу.

Они насилу дошли до конца сада. На дороге сани дожидались их. Лошади, прозябнув, не стояли на месте; кучер Владимира расхаживал перед оглоблями, удерживая ретивых.

Он помог барышне и её девушке усесться и уложить узлы и шкатулку, взял вожжи, и лошади полетели.[1]

Поручив барышню попечению судьбы и искусству Терёшки кучера, обратимся к молодому нашему любовнику.

Целый день Владимир был в разъезде. Утром был он у жадринского священника; насилу с ним уговорился; потом поехал искать свидетелей между соседними помещиками.

Первый, к кому явился он, отставной сорокалетний корнет Дравин, согласился с охотою. Это приключение, уверял он, напоминало ему прежнее время и гусарские проказы. Он уговорил Владимира остаться у него отобедать и уверил его, что за другими двумя свидетелями дело не станет.[2]

---

[1] Англ.: поехали галопом.
[2] Англ.: дело не испортится за неимением других двух и т.д.

around her, put on her warm cloak, took her jewel-case in her hand, and went out to the back-stair. The maid (followed her) carrying two bundles.

They went down into the garden. The storm was not abating ; the wind blew in their faces, as if it were doing its utmost to stop the young criminal.

With difficulty they reached the end of the garden. On the road the sledge was awaiting them. The horses, frozen (to the marrow), would not stand still, and Vladimir's coachman was walking to and fro in front of the shafts (trying to) restrain the restive animals.

He helped the young lady and her maid to get in, and to put in the bundles and the jewel-case, took the reins, and the horses set off at a gallop.[1]

Leaving the young lady to the care of fate and the skill of Tyeryoshka, the driver, let us turn to our young lover.

The whole day Vladimir had been bustling about. In the morning he went to the village priest of Zhadrino, and with difficulty he induced him to come to an understanding. Then he had driven away to seek out witnesses from among the neighbouring proprietors.

The first to whom he presented himself was a retired cornet (of horse), (named) Dravin, forty years of age ; (he) agreed with right goodwill, (for) this adventure, he affirmed, reminded him of earli(er) days and the pranks (they used to play in the) hussars. He persuaded Vladimir to stay to dinner with him, and assured him that the business would not be spoiled[2] for (want of) two other witnesses.

[1] Russ.: started to fly.
[2] Russ.: will not stop for, etc.

# МЕТЕЛЬ

В са́мом де́ле, то́тчас по́сле обе́да яви́лись землеме́р Шмит, в уса́х и шпо́рах, и сын капита́н-исправника, ма́льчик лет шестна́дцати, неда́вно поступи́вший в ула́ны. Они́ не то́лько при́няли предложе́ние Влади́мира, но да́же кляли́сь ему́ в гото́вности же́ртвовать для него́ жи́знию. Влади́мир обня́л их с восто́ргом и пое́хал домо́й приготовля́ться.

Уже́ давно́ смерка́лось. Он отпра́вил своего́ надёжного Терёшку в Ненара́дово с свое́ю тро́йкою [1] и с подро́бным, обстоя́тельным нака́зом,
а для себя́ веле́л заложи́ть ма́ленькие са́ни в одну́ ло́шадь, и оди́н без ку́чера отпра́вился в Жа́дрино, куда́ часа́ че́рез два должна́ была́ прие́хать и Ма́рья Гаври́ловна. Доро́га была́ ему́ знако́ма, а езды́ всего́ два́дцать мину́т.

Но едва́ Влади́мир вы́ехал за око́лицу в по́ле, как подня́лся ве́тер, и сде́лалась така́я мете́ль, что он ничего́ не взви́дел. В одну́ мину́ту доро́гу занесло́; окре́стность исче́зла во мгле му́тной и желтова́той, сквозь кото́рую лете́ли бе́лые хло́пья сне́гу; не́бо слило́сь с землёю.

Влади́мир очути́лся в по́ле и напра́сно хоте́л сно́ва попа́сть на доро́гу; ло́шадь ступа́ла науда́чу и помину́тно то взъезжа́ла на сугро́б, то прова́ливалась в я́му; са́ни помину́тно опроки́дывались.

Влади́мир стара́лся то́лько не потеря́ть на-

---

[1] Тро́йка—три ло́шади в упря́жке, с пово́зкой или саня́ми.

And, indeed, immediately after dinner, there appeared the land-surveyor, Schmidt, (a man) with a moustache and (wearing) spurs; and the son of the chief of police, a lad of sixteen, (who had) recently joined the lancers. They not only accepted Vladimir's proposal, but even swore that they were ready to sacrifice their lives for him. Vladimir embraced them with enthusiasm, and drove home to get ready.

Darkness had long since fallen. He dispatched his trusty Tyeryoshka to Nyenaradovo with his troika,[1] (giving him) precise and detailed instructions.

For himself he gave orders to yoke the little one-horsed sledge, and, quite alone, without a driver, he set off for Zhadrino, where in two hours' time Maria Gavrilovna was also to arrive. The road was familiar to him, and the drive should take not more than twenty minutes.

But scarcely had Vladimir passed the outskirts (of the village) into the open country, when the wind rose and there came on such a blizzard that he could distinguish nothing. In a minute the road had been obliterated, and the surrounding country had disappeared in the dense, yellowish fog, through which the white snowflakes were flying. Earth and sky had melted into one.

Vladimir suddenly found himself in the fields, and tried in vain to find the track again. The horse was stepping along at random, and every moment either plunging through a snowdrift or falling into a ditch. Every moment the sledge was being capsized.

Vladimir's one object was merely not to lose the

---

[1] A team of three horses abreast yoked to a wheeled conveyance or to a sledge. The vehicle drawn by such a team.

стоящего направления. Но ему казалось, что уже прошло более получаса, а он не доезжал ещё до жадринской рощи.

Прошло ещё около десяти минут—рощи всё было не видать. Владимир ехал полем, пересечённым глубокими оврагами. Метель не утихала, небо не прояснялось. Лошадь начинала уставать, а с него пот катился градом, несмотря на то, что он поминутно был по-пояс в снегу.

Наконец, он увидел, что едет не в ту сторону. Владимир остановился : начал думать, припоминать, соображать, и уверился, что должно было взять ему вправо. Он поехал вправо. Лошадь его чуть ступала. Уже более часа был он в дороге.

Жадрино должно быть недалеко. Но он ехал, ехал, а полю не было конца. Всё сугробы, да овраги ; поминутно сани опрокидывались, поминутно он их поднимал. Время шло ; Владимир начинал сильно беспокоиться.

Наконец в стороне что-то стало чернеть.[1] Владимир поворотил туда. Приближаясь, увидел он рощу.

Слава Богу, подумал он, теперь близко. Он поехал около рощи, надеясь тотчас попасть на знакомую дорогу или объехать рощу кругом : Жадрино находилось тотчас за нею.

Скоро нашёл он дорогу и въехал во мрак дерев, обнажённых зимою. Ветер не мог тут

---

[1] Англ.: loom up = неясно показываться вдали.

right direction. But it seemed to him that already more than half an hour had passed, and yet he was not getting any nearer to the little wood near Zhadrino.

About ten minutes more passed, but still the wood was not to be seen. Vladimir was driving across country intersected by deep hollows. The storm was not abating, the sky had not cleared. The horse was beginning to get tired, and he himself was dripping with perspiration, in spite of the fact that he was every few minutes up to his waist in snow.

At last he saw that he was going in the wrong direction. Vladimir stopped and began to think, to recollect, to consider. He felt sure that he should have turned to the right. He started toward the right. His horse could hardly crawl along. Already he had been more than an hour on the way.

Zhadrino could not be far off (now). But he drove on and on, the open country was never (coming to an) end. Still (nothing but) snow-wreaths and yawning gulfs. The sledge was being upset continually, and he was continually putting it right again. Time was passing and Vladimir was beginning to be seriously concerned.

At length something began to loom up [1] toward (one) side. Vladimir turned toward it. As he drew near, he made out the wood.

Praise be to God, he began to think, now we have not far (to go). He drove along by the wood, hoping soon to come upon the well-known road or to drive right round. Zhadrino lay immediately beyond it.

Soon he found the road and drove into the darkness of the trees, stripped by winter (of their

---

[1] Russ.: to become (show up) black.

свирепствовать: дорога была гладкая; лошадь ободрилась, и Владимир успокоился.

Но он ехал, ехал, а Жадрина было не видать: роще не было конца. Владимир с ужасом увидел, что он заехал в незнакомый лес. Отчаяние овладело им. Он ударил по лошади; бедное животное пошло было рысью, но скоро стало приставать и через четверть часа пошло шагом, несмотря на все усилия несчастного Владимира.

Мало-по-малу деревья начали редеть, и Владимир выехал из лесу; Жадрина было не видать. Должно было быть около полуночи. Слёзы брызнули из глаз его; он поехал наудачу.

Погода утихла, тучи расходились; перед ним лежала равнина, устланная белым волнистым ковром. Ночь была довольно ясна. Он увидел невдалеке деревушку, состоящую из четырёх или пяти дворов. Владимир поехал к ней.

У первой избушки он выпрыгнул из саней, подбежал к окну и стал стучаться. Через несколько минут деревянный ставень поднялся, и старик высунул свою седую бороду.

«Что те [1] надо?»

«Далёко ли Жадрино?»

«Жадрино-то далёко ли?»

«Да, да! далёко ли?»

«Недалече: вёрст десяток будет.»

При сём ответе Владимир схватил себя за волосы и остался недвижим, как человек, приговорённый к смерти.

«А отколе ты?» продолжал старик.

_____
[1] «Те»—народное слово=«тебе».

leaves). There the wind could not rage, the road was smooth, the horse grew livelier, and Vladimir grew calmer.

But he drove on and on, yet Zhadrino was not to be seen. The wood (seemed as if it would) never end. Vladimir perceived with terror that he had got into a strange wood. Despair mastered him. He beat the horse and the poor beast would break into a trot, but soon it would begin to slow down, and after a quarter of an hour it was going along at a walking pace, in spite of all the exertions of the unhappy Vladimir.

Little by little the trees began to thin out, and Vladimir drove out of the forest. No Zhadrino was visible. It must have been about midnight. Tears welled from his eyes; he drove on at haphazard.

The weather had cleared, the clouds were passing away. Before him lay a plain, covered with a white, undulating carpet. The night was fairly clear. He made out, not far off, a hamlet, consisting of four or five peasant dwellings. Vladimir drove toward it.

At the first hut he sprang out of the sledge, ran up to the window and knocked. After a few minutes the wooden shutter was opened, and an old man put out his grey beard.

" What do you [1] want ? "

" Is it far to Zhadrino ? "

" Is it far to Zhadrino ? "

" Yes, yes ! Is it far ? "

" Not very far. It 'll be about ten versts."

At this answer Vladimir tore his hair, and stood stock-still, like a man condemned to death.

"But where are you from?" continued the old man.

[1] The «те» here employed is a popular form for «тебе».

# МЕТЕЛЬ

Влади́мир не име́л ду́ха отвеча́ть на вопро́сы.

«Мо́жешь ли ты, стари́к», сказа́л он, «доста́ть мне лошаде́й до Жа́дрина?»

«Каки́ у нас ло́шади,» отвеча́л мужи́к.

«Да не могу́ ли взять хоть проводника́? Я заплачу́, ско́лько ему́ бу́дет уго́дно».

«Посто́й», сказа́л стари́к, опуска́я ста́вень: «я те сы́на вы́шлю; он те прово́дит».

Влади́мир стал дожида́ться. Не прошло́ мину́ты, он опя́ть на́чал стуча́ться. Ста́вень подня́лся, борода́ показа́лась.

«Что те на́до?»

«Что ж твой сын?»

«Сейча́с вы́йдет, обува́ется. А́ли ты прозя́б? взойди́ погре́ться».

«Благодарю́; высыла́й скоре́е [1] сы́на».

Воро́та заскрипе́ли; па́рень вы́шел с дуби́ною и пошёл вперёд, то ука́зывая, то оты́скивая доро́гу, занесённую снегов́ыми сугро́бами.

«Кото́рый час?» спроси́л его́ Влади́мир.

«Да уж ско́ро рассвенёт»,—отвеча́л молодо́й мужи́к.

Влади́мир не говори́л уже́ ни сло́ва.

Пе́ли петухи́ и бы́ло уже́ светло́, как дости́гли они́ Жа́дрина. Це́рковь была́ заперта́. Влади́мир заплати́л проводнику́ и пое́хал на двор к свяще́ннику. На дворе́ тро́йки его́ не́ было. Како́е изве́стие ожида́ло его́!

---

[1] Англ.: как можно скоро.

Vladimir did not have the courage to answer questions.

" Can you supply me, old man, with horses as far as Zhadrino ? "

" How should we have horses ? " answered the peasant.

" Well, can I not even have a guide ? I 'll pay as much as he wishes."

" Wait," said the old man, letting go the shutter. " I 'll send out my son ; he (will) accompany you."

Vladimir waited. Not a minute had passed when he again began to knock. The shutter opened and the beard appeared.

" What do you want ? "

" What about your son, then ? "

" He 'll be out this minute. He is putting on his boots. Maybe you are cold ? Come in and warm yourself."

" Thank you. Send me out your son as soon as possible." [1]

The door creaked and a lad came out (carrying) a (heavy) oak stick. He went on in front, now pointing out the way, and now looking for it, (when it was) covered by the snow-drifts.

" What is the time ? " Vladimir asked him.

" Why, it 'll soon be daylight," answered the young peasant.

Vladimir never said (another) word.

The cocks were crowing and it was already dawn when they reached Zhadrino. The church was closed. Vladimir paid his guide and drove up to the priest's court. There was no (sign of) his troika in the yard. What news awaited him !

---

[1] Russ. : sooner.

# МЕТЕЛЬ

Но возврати́мся к до́брым ненара́довским поме́щикам и посмо́трим, что́-то у них де́лается.

А ничего́.

Старики́ просну́лись и вы́шли в гости́ную, Гаври́ла Гаври́лович в колпаке́ и ба́йковой ку́ртке, Праско́вья Петро́вна в шлафро́ке на ва́те. По́дали самова́р,[1] и Гаври́ла Гаври́лович посла́л девчо́нку узна́ть от Ма́рьи Гаври́ловны, каково́ её здоро́вье и как она́ почива́ла.

Девчо́нка вороти́лась, объявля́я, что ба́рышня почива́ла-де [2] ду́рно, но что ей-де тепе́рь ле́гче, и что она́-де сейча́с придёт в гости́ную. В са́мом де́ле, дверь отвори́лась, и Ма́рья Гаври́ловна подошла́ здоро́ваться с па́пенькой и с ма́менькой.

«Что твоя́ голова́, Ма́ша?» спроси́л Гаври́ла Гаври́лович.

«Лу́чше, па́пенька», отвеча́ла Ма́ша.

«Ты ве́рно, Ма́ша, вчера́сь угоре́ла [3]», сказа́ла Праско́вья Петро́вна.

«Мо́жет быть, ма́менька», отвеча́ла Ма́ша.

День прошёл благополу́чно, но в ночь Ма́ша занемогла́. Посла́ли в го́род за ле́карем. Он прие́хал к ве́черу и нашёл больну́ю в бреду́. Откры́лась си́льная горя́чка, и бе́дная больна́я две неде́ли находи́лась у кра́я гро́ба.

---

[1] Ме́дный сосу́д с вну́треннею то́пкою, для удо́бного кипяче́ния воды́ для ча́я.

[2] «Де»—части́ца означа́ющая чужу́ю речь = «дескать».

«Угоре́ть»—соверше́нный вид от «угара́ть» = «отравля́ться уга́ром». Англ.: головна́я боль причинённая ядови́тыми га́зами пе́чи.

But let us return to the worthy (family of the) Nyenaradovo landowners, and see what is going on there.

Why, nothing.

The old folks woke up and went out into the sitting-room, Gavrila Gavrilovitch in nightcap and frieze jacket, Praskovia Pyetrovna in her wadded dressing-gown. The samovar [1] was brought in, and Gavrila Gavrilovitch sent the maid to find out from Maria Gavrilovna how she was and how she had spent the night.

The maid returned, reporting that the young mistress said [2] she had had a bad night, but that she was easier now, and that she was coming to the sitting-room at once. And indeed the door opened and Maria Gavrilovna stepped in and said good-morning to her papa and mamma.

" How is your head, dear ? " asked Gavrila Gavrilovitch.

" Better, daddy," answered Mary.

" Very likely, Mary, your headache last night was caused by the fumes from the stove," [3] said Praskovia Pyetrovna.

" Perhaps it was, mummy," answered Mary.

The day passed without incident, but at night Mary fell ill. They sent to the town for the doctor. Towards the (following) evening he arrived and found the patient delirious. A high fever developed, and for two weeks the poor girl lay at the edge of the grave.

[1] The tea-urn. The name means ' self-boiler,' as the urn is heated by its own fuel, and can therefore be used conveniently at any time, even when the stove is not alight.

[2] The particle «де» is the equivalent of ' she said,' ' said she.'

[3] The verb «угореть», which is the perfective of «угорать»,, means ' to be poisoned with «угар»,' i.e. carbon monoxide.

# МЕТЕЛЬ

Никто́ в до́ме не знал о предполо́женном побе́ге. Пи́сьма, накану́не е́ю напи́санные, бы́ли сожжены́; её го́рничная никому́ ни о чём не говори́ла, опаса́ясь гне́ва госпо́д. Свяще́нник, отставно́й корне́т, уса́тый землеме́р и ма́ленький ула́н бы́ли скро́мны, и не да́ром.

Терёшка ку́чер никогда́ ничего́ ли́шнего не выска́зывал, да́же и в хмелю́. Таки́м о́бразом та́йна была́ сохранена́ бо́лее чем полудю́жиною загово́рщиков.

Но Ма́рья Гаври́ловна сама́, в беспреста́нном бреду́, выска́зывала свою́ та́йну. Одна́ко ж, её слова́ бы́ли столь несообра́зны ни с чем, что мать, не отходи́вшая от её посте́ли, могла́ поня́ть из них то́лько то, что дочь её была́ смерте́льно влюблена́ во Влади́мира Никола́евича, и что, вероя́тно, любо́вь была́ причи́ною её боле́зни.

Она́ сове́товалась со свои́м му́жем, с не́которыми сосе́дами, и наконе́ц единогла́сно все реши́ли, что ви́дно такова́ была́ судьба́ Ма́рьи Гаври́ловны, что су́женого конём не объе́дешь, что бе́дность не поро́к, что жить не с бога́тством, а с челове́ком, и тому́ подо́бное.

Нра́вственные погово́рки быва́ют удиви́тельно поле́зны в тех слу́чаях, когда́ мы от себя́ ма́ло что мо́жем вы́думать себе́ в оправда́ние.

Ме́жду тем ба́рышня ста́ла выздора́вливать. Влади́мира давно́ не ви́дно бы́ло в до́ме Гаври́лы Гаври́ловича. Он был напу́ган обыкнове́нным приёмом. Положи́ли посла́ть за

No one in the house knew of the contemplated flight. The letters written by her the night before had been burned. Her maid never said (a word) to any one about anything, fearing the wrath of her master and mistress. The priest, the retired cornet, the land-surveyor with the moustache, and the young lancer (observed a) discreet (silence), and for the most excellent reason.

Tyeryoshka, the coachman, was never in the habit of uttering any superfluous (words), even when in liquor. Thus the secret was kept by more than half a dozen persons in the plot.

But Maria Gavrilovna herself, in her constant delirium, was betraying her secret. However, her words were so inconsistent with anything (they knew of her), that her mother, who never left her bedside, could understand from them nothing more than that her daughter was hopelessly in love with Vladimir Nikolayevitch, and that, probably, (that) love was the cause of her illness.

She took counsel with her husband and with some of the neighbours, and at last they unanimously decided that, evidently, such was Maria Gavrilovna's fate, that you can't avoid your fate by riding away from it, that poverty is no vice, that (one has got) to live not with riches, but with a man, and the like.

Moral proverbial sayings are wonderfully useful in these cases, in which we can think out very little for ourselves in justification (of our own conduct).

Meanwhile the young lady was beginning to recover. For long Vladimir had not been seen in the house of Gavrila Gavrilovitch. He had been frightened by his usual reception. They proposed to send for him, and to make known to him

ним и объяви́ть ему́ неожи́данное сча́стие: согла́сие на брак.

Но каково́ бы́ло изумле́ние ненара́довских поме́щиков, когда́ в отве́т на их приглаше́ние получи́ли они́ от него́ полусумасше́дшее письмо́!

Он объявля́л им, что нога́ его́ не бу́дет никогда́ в их до́ме, и проси́л забы́ть о несча́стном, для кото́рого смерть остаётся еди́ною наде́ждою. Че́рез не́сколько дне́й узна́ли они́, что Влади́мир уе́хал в а́рмию. Э́то бы́ло в 1812 году́.

До́лго не сме́ли объяви́ть об э́том выздора́вливающей Ма́ше. Она́ никогда́ не упомина́ла о Влади́мире. Не́сколько ме́сяцев уже́ спустя́, наше́д и́мя его́ в числе́ отличи́вшихся и тяжело́ ра́неных под Бородины́м,[1] она́ упа́ла в о́бморок, и боя́лись, чтоб горя́чка её не возврати́лась. Одна́ко, сла́ва Бо́гу, о́бморок не име́л после́дствия.

Друга́я печа́ль её посети́ла: Гаври́ла Гаври́лович сконча́лся, оста́вя её насле́дницей всего́ име́ния. Но насле́дство не утеша́ло её; она́ разделя́ла и́скренно го́ресть бе́дной Праско́вьи Петро́вны, кляла́сь никогда́ с не́ю не расстава́ться; о́бе они́ оста́вили Ненара́дово, ме́сто печа́льных воспомина́ний, и пое́хали жить в ***ское поме́стье.

Женихи́ кружи́лись и тут о́коло ми́лой и бога́той неве́сты; но она́ никому́ не подава́ла и мале́йшей наде́жды. Мать иногда́ угова́ривала

---

[1] 24-26 августа, 1812. В этой ужасной битве у Русских убитых и раненых было 50 тысяч, но всётаки сражение не было решительным, и Наполеон понял, что война с Россией только начиналась.

his unexpected happiness — their consent to the marriage.

But what was the amazement of the Nyenaradovo squire and his wife when, in answer to their invitation, they received from him a letter (that seemed to them) half mad !

He declared to them that never would he set foot in their house, and asked them to forget the unhappy (wight), for whom death remained the only hope. After a few days they learned that Vladimir had gone away to the army. That was in the year 1812.

For a long time they did not dare inform Mary, who was convalescent, of that (fact). She never mentioned Vladimir. It was not till some months afterwards, (when), having come across his name in the list of (men who) had distinguished themselves and been severely wounded at Borodinó,[1] she fell in a faint and they feared the fever might return. However, thank Heaven, the fainting-fit had no (serious) consequences.

Another sorrow befell her : Gavrila Gavrilovitch passed away, leaving her heiress to his whole property. But the inheritance did not console her. She sincerely shared the grief of poor Prascovia Pyetrovna, (and) swore that she would never part from her. They both left Nyenaradovo, the place of sad memories, and went to live on their estate at X.

There, too, suitors thronged around the amiable and wealthy heiress, but to none did she give the slightest hope. Her mother would sometimes (try

---

[1] The battle which was fought at Borodinó on August 24-26, 1812. The Russians lost fifty thousand killed and wounded, but the engagement was not fought to a finish, and Napoleon understood that the war with Russia was only beginning.

её вы́брать себе́ дру́га[1]; Ма́рья Гаври́ловна кача́ла голово́й и заду́мывалась.

Влади́мир уже́ не существова́л; он у́мер в Москве́, накану́не вступле́ния францу́зов. Па́мять его́ каза́лась свяще́нною для Ма́ши; по кра́йней ме́ре она́ берегла́ всё, что могло́ его́ напо́мнить; кни́ги, им не́когда прочи́танные, его́ рису́нки, но́ты и стихи́, им перепи́санные для неё.

Сосе́ди, узна́в обо всём, диви́лись её постоя́нству и с любопы́тством ожида́ли геро́я, долженствова́вшего, наконе́ц, восторжествова́ть над печа́льной ве́рностию э́той де́вственной Артеми́зы.[2]

Ме́жду тем война́ со сла́вою была́ ко́нчена. Полки́ на́ши возвраща́лись из-за грани́цы. Наро́д бежа́л им на встре́чу. Му́зыка игра́ла завоёванные пе́сни: Vive Henri-Quatre, тиро́льские ва́льсы и а́рии из Жоко́нда. Офице́ры, уше́дшие в похо́д почти́ о́троками, возвраща́лись, возмужа́в на бра́нном во́здухе, обве́шанные креста́ми.

Солда́ты ве́село разгова́ривали ме́жду собо́ю, вме́шивая помину́тно в речь неме́цкие и францу́зские слова́. Вре́мя незабве́нное! Вре́мя сла́вы и восто́рга! Как си́льно би́лось ру́сское се́рдце при сло́ве оте́чество! Как сла́дки бы́ли слёзы свида́ния! С каки́м единоду́шием мы соединя́ли чу́вства наро́дной го́рдости и любви́ к госуда́рю! А для него́—кака́я была́ мину́та!

Же́нщины, ру́сские же́нщины бы́ли тогда́

---

[1] Англ.: муж.

[2] Цари́ца города Галикарнасса в Карии, знамени́тая в истории свои́м чрезвыча́йным оплакиванием смерти своего супруга (в 4-ом ве́ке до Р. Х.).

to) persuade her to choose a husband.[1] Maria Gavrilovna would shake her head and become thoughtful.

Vladimir was already deceased. He had died in Moscow on the eve of the entry of the French (into the city). His memory seemed sacred to Mary. At least she preserved all that could remind (her) of him : the books that once had been read by him, his sketches, his music, and the verses that he had written out for her.

The neighbours, having got to know about this, wondered at her constancy, and were awaiting with curiosity (the coming of) the hero, who was finally destined to prove victorious over the melancholy fidelity of this maidenly Artemisia.[2]

Meantime the war had been gloriously ended. Our regiments were returning from abroad. The people were running to meet them. The band was playing songs of victory : " Vive Henri Quatre," Tyrolean waltzes, airs from " Joconda." Officers who had gone away on campaign almost as boys were returning transformed into men by the air of battle, and decorated with crosses.

The soldiers talked gaily among themselves, continually mingling German and French words in their conversation. A never-to-be-forgotten time ! A time of glory and enthusiasm ! How the Russian heart thrilled at the word " Fatherland " ! How sweet were the tears of reunion ! With what singleness of soul did we combine the feeling of national pride with love for the Emperor ! And or the Emperor what a moment that was !

At that time the women, the Russian women,

[1] Russ.: friend.
[2] Queen of the city of Halicarnassos in Caria, renowned in history for her extraordinary grief at the death of her husband (fourth century B.C.).

бесподо́бны. Обыкнове́нная хо́лодность их ис-
чезла́. Восто́рг их был и́стинно упои́телен,
когда́, встреча́я победи́телей, крича́ли они́:
ура́!

И в во́здух че́пчики броса́ли.

Кто из тогда́шних офице́ров не созна́ется,
что ру́сской же́нщине обя́зан он был лу́чшей,
драгоце́ннейшей награ́дой?...

В э́то блиста́тельное вре́мя Ма́рья Гаври́-
ловна жила́ с ма́терью в *** губе́рнии и не
вида́ла, как о́бе столи́цы пра́здновали возвра-
ще́ние войск. Но в уе́здах и деревня́х о́бщий
восто́рг, мо́жет быть, был ещё сильне́е. По-
явле́ние в сих места́х офице́ра бы́ло для него́
настоя́щим торжество́м, и любо́внику во фра́ке
пло́хо бы́ло в его́ сосе́дстве.

Мы уже́ сказа́ли, что, несмотря́ на её
хо́лодность, Ма́рья Гаври́ловна всё попре́жнему
окружена́ была́ иска́телями. Но все должны́
бы́ли отступи́ть, когда́ яви́лся в её за́мке
ра́неный гуса́рский полко́вник Бурми́н, с Гео́р-
гием в петли́це и «с интере́сной бле́дностию»,
как говори́ли та́мошние ба́рышни.

Ему́ бы́ло о́коло двадцати́ шести́ лет. Он
прие́хал в о́тпуск в свои́ поме́стья, нахо-
ди́вшиеся по сосе́дству дере́вни Ма́рьи Гаври́-
ловны. Ма́рья Гаври́ловна о́чень его́ отлича́-
ла. При нём обыкнове́нная заду́мчивость её оживля́-
лась. Нельзя́ бы́ло сказа́ть, чтоб она́ с ним
коке́тничала; но поэ́т, заме́тя её поведе́ние,
сказа́л бы:

Se amor non è, che dunche?...

were incomparable. Their usual coldness had
vanished. Their enthusiasm was really intoxicat-
ing, when, meeting the victors, they shouted
" Hurrah ! "

And threw their caps up in the air.

Which of our Russian officers of those days will
not admit that to the Russian woman he owed the
best, the most precious reward ?

In that brilliant time Maria Gavrilovna was
living with her mother in the government of A.,
and did not see how the two capitals were celebrating the return of the armies. But in the districts
and villages the general enthusiasm was perhaps
still greater. The appearance of an officer in those
localities was for him a regular triumph, and in his
vicinity it fared badly with the lover in civilian dress.

We have already said that, in spite of her coldness, Maria Gavrilovna was still, as before,
surrounded by suitors. But they all had to retire
when there appeared in her domain the wounded
colonel of hussars, Burmin, with the order of St.
George in his button-hole, and with " an interesting pallor," as the young ladies of the neighbour-
hood said.

He was about twenty-six years old. He had
come on leave to his estates, which happened to
be adjacent to the village (that belonged to) Maria
Gavrilovna. She paid him marked attention. In
his presence her usual (melancholy) pensiveness
(disappeared and she) became quite lively. It
was impossible to say that she was coquetting
with him, but the poet, observing her conduct,
would have said,

If these be not the signs of love,
What can they be, I pray ?

# МЕТЕЛЬ

Бурми́н был, в са́мом де́ле, о́чень ми́лый молодо́й челове́к. Он име́л и́менно тот ум,[1] кото́рый нра́вится же́нщинам: ум прили́чия и наблюде́ния, бе́зо вся́ких притяза́ний и беспе́чно насме́шливый.[2] Поведе́ние его́ с Ма́рьей Гаври́ловной бы́ло про́сто и свобо́дно; но что б она́ ни сказа́ла и́ли ни сде́лала, душа́ и взо́ры его́ так за не́ю и сле́довали.

Он каза́лся нра́ва ти́хого и скро́много, но молва́ уверя́ла, что не́когда был он ужа́сным пове́сою, и э́то не вреди́ло ему́ во мне́нии Ма́рьи Гаври́ловны, кото́рая (как и все молоды́е да́мы вообще́) с удово́льствием извиня́ла ша́лости, обнару́живающие сме́лость и пы́лкость хара́ктера.

Но бо́лее всего́... (бо́лее его́ не́жности, бо́лее прия́тного разгово́ра, бо́лее интере́сной бле́дности, бо́лее перевя́занной руки́) молча́ние молодо́го гуса́ра бо́лее всего́ подстрека́ло её любопы́тство и воображе́ние.

Она́ не могла́ не сознава́ться в том, что она́ о́чень ему́ нра́вилась; вероя́тно и он, с свои́м умо́м и о́пытностью, мог уже́ заме́тить, что она́ отлича́ла его́.

Каки́м же о́бразом до сих по́р не вида́ла она́ его́ у свои́х ног и ещё не слыха́ла его́ призна́ния? Что уде́рживало его́? Ро́бость, неразлу́чная с и́стинною любо́вью, го́рдость и́ли коке́тство хи́трого волоки́ты? Э́то бы́ло для неё зага́дкою.

Поду́мав хороше́нько, она́ реши́ла, что ро́бость была́ еди́нственно тому́ причи́ною, и положи́ла ободри́ть его́ бо́льшею внима́тельностию и,

---

[1] Англ.: ансамбль, общее впечатление
[2] Англ.: примес насмешливого ума.

Burmin was indeed a very nice young man. He had just that make-up [1] that pleases women, a sense of propriety and good breeding, without any pretentious airs and with a dash of sarcastic wit. [2] His attitude to Maria Gavrilovna was simple and frank, but whatever she said or did, his soul and his eyes followed her (everywhere).

He appeared to be of quiet, modest disposition, though report had it that, once upon a time, he had been a terrible scapegrace ; but that did not injure him in the opinion of Maria Gavrilovna, who, like all young ladies in general, was pleased to overlook escapades that revealed boldness and impetuosity of character.

But more than all, more than his tenderness, more than his pleasant conversation, more than his " interesting pallor," more than his bandaged arm, the silence of the young hussar stimulated her curiosity and her imagination.

She could not help admitting to herself the fact that he was fond of her, and probably he too, with his intelligence and experience, could already perceive that she distinguished him (beyond other men).

How (was it) then (that) so far she had not seen him at her feet, or yet heard his declaration of love ? What restrained him ? The timidity inseparable from true love ? Or pride ? Or the coquetry of the shrewd lady's man ? That was, for her, a riddle.

After pondering deeply, she decided that timidity was the sole cause of the fact, and determined to encourage him by greater attention, and, according

[1] Russ.: mind.
[2] Russ.: carelessly sarcastic, sarcastic in an off-hand way.

смотря по обстоятельствам, даже нежностию.
Она приготовляла развязку самую неожиданную, и с нетерпением ожидала минуты романического объяснения. Тайна, какого роду ни была бы, всегда тягостна женскому сердцу.

Её военные действия имели желаемый успех: по крайней мере, Бурмин впал в такую задумчивость, и чёрные глаза его с таким огнём останавливались на Марье Гавриловне, что решительная минута, казалось, уже близка.

Соседи говорили о свадьбе, как о деле уже конченном, а добрая Прасковья Петровна радовалась, что дочь её наконец нашла себе достойного жениха.

Старушка сидела однажды одна в гостиной, раскладывая гран-пасьянс, как Бурмин вошёл в комнату и тотчас осведомился о Марье Гавриловне.

«Она в саду», отвечала старушка: «подите к ней, а я вас буду здесь ожидать».

Бурмин пошёл, а старушка перекрестилась и подумала:

«Авось дело сегодня же кончится!»

Бурмин нашёл Марью Гавриловну у пруда, под ивою, с книгою в руках, и в белом платье, настоящей героинею романа. После первых вопросов, Марья Гавриловна нарочно перестала поддерживать разговор, усиливая таким образом взаимное замешательство, от которого можно было избавиться разве только внезапным и решительным объяснением. Так и случилось.

Бурмин, чувствуя затруднительность своего положения, объявил, что искал давно случая открыть ей своё сердце, и потребовал минуты

to the circumstances, even by tenderness. She was preparing an extremely unexpected *dénouement* and awaiting with impatience the moment of the romantic declaration. A secret, of whatever nature it may be, is always a weight on a woman's heart.

Her schemes had the desired success. At least, Burmin fell into such a pensive state, and his dark eyes were fixed with such ardour on Maria Gavrilovna, that the decisive moment seemed already at hand.

The neighbours were talking of the wedding as of an affair already settled, and good Praskovia Pyetrovna was glad that her daughter had at last found a *fiancé* worthy of herself.

The old lady was sitting one day alone in the parlour, playing patience, when Burmin entered the room and immediately asked for Maria Gavrilovna.

" She is in the garden," answered the old lady. " Go to her and I shall wait for you here."

Burmin went away and the old lady crossed herself and thought,

" I hope the business will be settled to-day."

Burmin found Maria Gavrilovna by the pond, under a willow, with a book in her hand and wearing a white dress—a regular heroine out of a novel. After the first questions Maria Gavrilovna intentionally ceased to carry on the conversation, increasing thereby the mutual embarrassment, from which it was possible to extricate themselves, it might be, only by a sudden and decisive declaration. And that is exactly what happened.

Burmin, feeling the difficulty of his position, announced that he had for long been seeking an opportunity of revealing his heart to her, and (asked her to accord him) a moment's attention.

внима́ния. Ма́рья Гаври́ловна закры́ла кни́гу и поту́пила глаза́ в знак согла́сия.

«Я вас люблю́», сказа́л Бурми́н: «я вас люблю́ стра́стно…»

Ма́рья Гаври́ловна покрасне́ла и наклони́ла го́лову ещё ни́же.

«Я поступи́л неосторо́жно, предава́ясь ми́лой привы́чке, привы́чке ви́деть и слы́шать вас ежедне́вно…»

Ма́рья Гаври́ловна вспо́мнила пе́рвое письмо́ St. Preux.[1]

«Тепе́рь уже́ по́здно проти́виться судьбе́ мое́й; воспомина́ние об вас, ваш ми́лый, несравне́нный о́браз отны́не бу́дет муче́нием и отра́дою жи́зни мое́й; но мне ещё остаётся испо́лнить тяжёлую обя́занность, откры́ть вам ужа́сную та́йну и положи́ть ме́жду на́ми непреодоли́мую прегра́ду…»

«Она́ всегда́ существова́ла», прервала́ с жи́востию Ма́рья Гаври́ловна: «я никогда́ не могла́ быть ва́шею жено́ю…»

«Зна́ю», отвеча́л он ей ти́хо: «зна́ю, что не́когда вы люби́ли, но смерть и три го́да сётований… До́брая, ми́лая Ма́рья Гаври́ловна! не стара́йтесь лиши́ть меня́ после́днего утеше́ния: мысль, что вы бы согласи́лись сде́лать моё сна́стие, е́сли бы…—Молчи́те, ра́ди Во́га, молчи́те. Вы терза́ете меня́.—Да, я зна́ю, я чу́вствую, что вы бы́ли бы мое́ю, но—я несча́стнейшее созда́ние… я жена́т!»

Ма́рья Гаври́ловна взгляну́ла на него́ с удивле́нием.

«Я жена́т», продолжа́л Бурми́н: «я жена́т уже́ четвёртый год и не зна́ю, кто моя́ жена́, и где она́, и до́лжен ли свиде́ться с не́ю когда́-нибу́дь!»

[1] Нувствительный герой в *La Nouvelle Héloïse*, Руссо.

Maria closed her book and cast down her eyes as a sign of consent.

"I love you," said Burmin, "I love you passionately."

Maria Gavrilovna blushed and bowed her head still lower.

"I have behaved imprudently in yielding to the dear habit of seeing and hearing you every day."

Maria Gavrilovna remembered the first letter of St. Preux.[1]

"Now it is already too late to strive against my fate. The memory of you, your dear, incomparable image, will be henceforth the torture and the consolation of my life, but there still remains to me to fulfil a painful duty, to discover to you a terrible secret, and to put between us an insurmountable barrier."

"It has always existed," interrupted Maria Gavrilovna with (some) vivacity. "I never could have been your wife."

"I know," he answered her softly, "I know that once you loved. But death and three years of mourning—good, dear Maria Petrovna, do not try to rob me of my last consolation, the thought that you would have agreed to bring about my happiness, if—do not speak, for Heaven's sake, do not speak! You torture me. Yes, I know, I feel that you would have been mine, but I, I— am the most unhappy (of) beings—I am married!"

Maria Gavrilovna looked at him in amazement.

"I am married," continued Burmin. "I have been married for four years now, and I do not know who my wife is, or where she is, or whether I am ever to meet her again."

[1] The sentimental hero of Rousseau's *Nouvelle Héloïse*.

# МЕТЕЛЬ

«Что вы говори́те?» воскли́кнула Ма́рья Га́вриловна. «Как э́то стра́нно! Продолжа́йте; я расскажу́ по́сле... но продолжа́йте, сде́лайте ми́лость.[1]»

«В нача́ле 1812 го́да», сказа́л Бурми́н, «я спеши́л в Ви́льну, где находи́лся наш полк. Прие́хав одна́жды на ста́нцию по́здно ве́чером, я веле́л бы́ло поскоре́е закла́дывать лошаде́й, как вдруг подняла́сь ужа́сная мете́ль, и смотри́тель, и ямщики́ сове́товали мне пережда́ть.

«Я их послу́шался, но непоня́тное беспоко́йство овладе́ло мно́ю; каза́лось, кто́-то меня́ так и толка́л. Ме́жду тем мете́ль не унима́лась.

«Я не вы́терпел, приказа́л опя́ть закла́дывать и пое́хал в са́мую бу́рю. Ямщику́ взду́малось е́хать реко́ю, что должно́ бы́ло сократи́ть нам путь тремя́ верста́ми.

«Берега́ бы́ли занесены́; ямщи́к прое́хал ми́мо того́ ме́ста, где выезжа́ли на доро́гу, и таки́м о́бразом очути́лись мы в незнако́мой стороне́.

«Бу́ря не утиха́ла; я уви́дел огонёк и веле́л е́хать туда́. Мы прие́хали в дере́вню; в деревя́нной це́ркви был ого́нь. Це́рковь была́ отворена́; за огра́дой стоя́ло не́сколько сане́й; по па́перти ходи́ли лю́ди.

«‹Сюда́! сюда́!› закрича́ло не́сколько голосо́в.

«Я веле́л ямщику́ подъе́хать.

«‹Поми́луй, где ты заме́шкался?› сказа́л мне кто́-то: ‹неве́ста в о́бмороке; поп не зна́ет, что де́лать; мы гото́вы бы́ли е́хать наза́д Выходи́ же скоре́е›.

---

[1] Англ.: я вас прошу.

# THE SNOWSTORM

"What do you say?" cried Maria Gavrilovna. "How extraordinary that is! Continue. I shall tell (my own story) afterwards. But continue, I pray![1]"

"In the beginning of the year 1812," said Burmin, "I was hastening to Vilna, where our regiment was stationed. Arriving one day at a post-house after dark, I was ordering (fresh) horses to be harnessed quickly, when suddenly there arose a frightful snowstorm, and postmaster and drivers advised me to wait (till it passed).

"I followed their advice, but incomprehensible restlessness seized me; it seemed as if someone were urging me on. Meanwhile the storm was not abating.

"I could not bear it (any longer); I gave instructions once more to yoke the horses and drove away right into the tempest. It occurred to the driver to go by the river, which should have shortened the journey for us by three versts.

"The banks were snowed up, (so that) the driver passed the point where you come out on to the road, and thus we found ourselves in an unknown tract.

"The storm was still raging, (but) I caught sight of a faint light and told the man to drive towards it. We came into a village; the light was in the wooden church. The church-door was open and within the enclosure stood one or two sledges; in the porch people were moving about.

"'This way! This way!' several voices cried.

"I told the coachman to drive up.

"'In Heaven's name,' someone said to me, 'where have you been tarrying? The bride is in a faint. The priest does not know what to do. We were on the point of going back. Get out quickly, do!'

[1] Russ.: do the kindness = if you please.

24

# МЕТЕЛЬ

«Я мо́лча вы́прыгнул из сане́й и вошёл в це́рковь, сла́бо освещённую двумя́ и́ли тремя́ свеча́ми. Де́вушка сиде́ла на ла́вочке в тёмном углу́ це́ркви; друга́я тёрла ей виски́.

««Сла́ва Бо́гу», сказа́ла э́та: «наси́лу вы прие́хали. Чуть бы́ло вы ба́рышню не умори́ли».

«Ста́рый свяще́нник подошёл ко мне с вопро́сом:

««Прика́жете начина́ть?»

««Начина́йте, начина́йте, ба́тюшка», отвеча́л я рассе́янно.

«Де́вушку по́дняли. Она́ показа́лась мне не дурна́… Непоня́тная, непрости́тельная ве́тренность… я стал по́дле неё пе́ред нало́ем; свяще́нник торопи́лся; тро́е мужчи́н и го́рничная подде́рживали неве́сту и за́няты бы́ли то́лько е́ю. Нас обвенча́ли.

««Поцелу́йтесь», сказа́ли нам.

«Жена́ моя́ обрати́ла ко мне бле́дное своё лицо́. Я хоте́л бы́ло её поцелова́ть… Она́ вскри́кнула:

««Ай, не он! не он!» и упа́ла без па́мяти. Свиде́тели устреми́ли на меня́ испу́ганные глаза́. Я поверну́лся, вы́шел из це́ркви бе́зо вся́кого препя́тствия, бро́сился в киби́тку и закрича́л:

««Пошёл!»»

«Бо́же мой!» закрича́ла Ма́рья Гаври́ловна, «и вы не зна́ете, что сде́лалось с бе́дною ва́шею жено́ю?»

«Не зна́ю», отвеча́л Бурми́н: «не зна́ю, как зову́т дере́вню, где я венча́лся; не по́мню, с кото́рой ста́нции пое́хал. В то вре́мя я так ма́ло полага́л ва́жности в престу́пной

" Silently I sprang out of the sledge and entered the church (which was) feebly lighted by two or three candles. A young girl was sitting on a form in a dark corner of the church ; another one was rubbing her temples.

" ' Praise God ! ' said the latter. ' You've managed to get here. You have almost killed my mistress.'

" The old priest came up to me and inquired :

" ' Is it your wish that we begin ? '
" ' Begin, begin, father ! ' I answered absently.

" They raised the young woman up. She seemed to me to be not at all bad-looking. What incomprehensible, unpardonable frivolity ! I stood beside her before the reading-desk. The priest was in a hurry, and the three men and the lady's-maid were supporting the bride and were occupied entirely with her. They married us.

" ' Kiss ! ' they said to us.

" My wife turned her pale face towards me. I would have kissed her, (when) she cried out :

" ' Oh ! that is not the man ! That's not he ! ' and fell down unconscious. The witnesses directed their eyes upon me in dismay. I turned, got out of the church without let or hindrance of any (kind), threw myself into the sledge and cried :

" ' Off with you ! ' "

" My God ! " exclaimed Maria Gavrilovna, " and you don't know what has become of your poor wife ? "

" I do not," answered Burmin : " I do not know what they call the village where I was married. I do not remember from what post-house (it was) I set out. At that time I attached

моéй прокáзе, что, отъéхав от цéркви, заснýл и проснýлся на другóй день поýтру, на трéтьей ужé стáнции.

«Слугá, бы́вший тогдá со мнóю, ýмер в похóде, так что я не имéю и надéжды отыскáть ту, над котóрой подшутúл я так жестóко и котóрая тепéрь так жестóко отомщенá».

«Бóже мой, Бóже мой!» сказáла Мáрья Гаврúловна, схватúв егó рýку: «так э́то бы́ли вы! И вы не узнаёте меня́?»

Бурмúн побледнéл... и брóсился к её ногáм...

so little importance to my criminal prank, that, after I drove away from the church, I fell asleep and woke up next morning, (being by that time) at the third station (further on).

"The servant who had been with me then, died during the campaign, so that I have not even the hope of finding out the woman on whom I played such a cruel joke, and who is now so cruelly avenged."

"My God! My God!" said Maria Gavrilovna, seizing his hand. "So it was you! And you do not recognize me!"

Burmin turned pale and threw himself at her feet.

# СТАНЦИОННЫЙ СМОТРИТЕЛЬ [1]

Кто не проклина́л станцио́нных смотри́телей, кто с ни́ми не брани́лся? Кто, в мину́ту гне́ва, не тре́бовал от них роково́й кни́ги, дабы́ вписа́ть в о́ную свою́ бесполе́зную жа́лобу на притесне́ние, гру́бость и неиспра́вность?

Кто не почита́ет их и́звергами челове́ческого ро́да, ра́вными поко́йным подъя́чим и́ли, по кра́йней ме́ре, му́ромским [2] разбо́йникам? Бу́дем, одна́ко, справедли́вы, постара́емся войти́ в их положе́ние, и мо́жет быть, ста́нем суди́ть об них гора́здо снисходи́тельнее.

Что тако́е станцио́нный смотри́тель? Су́щий му́ченик четы́рнадцатого [3] кла́сса, ограждённый свои́м чи́ном то́кмо от побо́ев, и то не всегда́ (ссыла́юсь на со́весть мои́х чита́телей). Какова́ до́лжность сего́ дикта́тора, как называ́ет его́ шутли́во князь Вя́земский? [4]

Не настоя́щая ли ка́торга? Поко́я ни днём, ни но́чью. Всю доса́ду, нако́пленную во вре́мя

---

[1] Англ.: почтмейстер.

[2] Илья Муромец—знаменитейший представитель былинных героев и победитель Соловья разбойника.

[3] Значит, самый низкий чин, так как табель о рангах содержала тольк четырнадцать чинов.

[4] Сатирический поэт и критик.

# THE POSTMASTER [1]

WHO (is there that) has not cursed (our) post-masters, (that) has not (many a time) squabbled with them? Who, in a moment of anger, has not demanded from them the fateful book, in order to enter in it his idle complaint of vexatious conduct, rudeness and negligence?

Who does not regard them as outcasts from the human race, on a par with retired (government) clerks or, at least, with the brigands (in the saga) of Muromyets? [2] However, let us be just, let us try to enter into their situation, and perhaps we shall judge them far more indulgently.

What is a postmaster? The supreme martyr of the fourteenth [3] class, protected by his rank only from being beaten, and that not always. I appeal to the consciences of my readers. What is the duty of this dictator, as Prince Vyazemsky [4] jestingly calls him?

Is it not downright penal servitude? Rest neither by day nor by night. All the irritation accumulated in the course of a tiresome journey

[1] Russ.: station inspector, manager or keeper.
[2] Ilya Muromyets is the most celebrated representative of Russian legendary heroes. He conquered the brigand Solovyei.
[3] The lowest class of official, as the hierarchy consisted of only fourteen classes.
[4] Nineteenth-century poet, satirist, and critic.

скучной езды, путешественник вымещает на смотрителе. Погода несносная, дорога скверная, ямщик упрямый, лошади не везут[1]—а виноват смотритель. Входя в бедное его жилище, проезжающий смотрит на него, как на врага; хорошо, если удастся ему скоро избавиться от непрошеного гостя; но если не случится лошадей?... Боже! какие ругательства, какие угрозы посыплются на его голову!

В дождь и слякоть принуждён он бегать по дворам; в бурю, в крещенский мороз уходит он в сени, чтоб только на минуту отдохнуть от крика и толчков раздражённого постояльца.

Приезжает генерал; дрожащий смотритель отдаёт ему две последние тройки,[2] в том числе курьерскую. Генерал едет, не сказав ему спасибо. Через пять минут—колокольчик!... и фельдъегерь бросает ему на стол свою подорожную[3]!...

Вникнем во всё это хорошенько, и вместо негодования, сердце наше исполнится искренним состраданием. Ещё несколько слов: в течение двадцати лет сряду, изъездил я Россию по всем направлениям; почти все почтовые тракты мне известны; несколько поколений ямщиков мне знакомы.

Редкого смотрителя не знаю я в лицо, с редким не имел я дела; любопытный запас путевых моих наблюдений надеюсь издать в непродолжительном времени.

Покамест скажу только, что сословие стан-

---

[1] Англ.: трогаются.
[2] Смотри страницу 12, примечание 1.
[3] Подорожная—документ на получение почтовых лошадей.

the traveller unloads on the postmaster. If the weather is unbearable, if the road is bad, if the driver is stubborn, if the horses won't move,[1] then the postmaster is to blame. Entering his poor abode, the passing traveller looks upon him as an enemy, and it is well (for the man) if he succeeds in getting rid speedily of his uninvited guest. But if there should happen to be no horses! Heavens, what abuse, what threats are poured upon his head!

In rain and slush he is obliged to run about outside. In storm and mid-winter frost he goes out to the porch merely to get respite from the shouting and hustling of the distracted guest.

A general comes along and the trembling postmaster gives him his last two troikas,[2] including the mail-team. The general drives (off) without having said thank you. Five minutes later a bell (is heard) and a dispatch-bearer throws on the table his order for horses.[3]

If we investigate all this properly, instead of with indignation, our hearts will be filled with sincere sympathy. (Just) a few more words. In the course of twenty years consecutively I have travelled Russia in every direction. Almost all the post-routes are familiar to me ; several generations of drivers are known to me.

There are few postmasters (whom) I do not know by sight, and few with whom I have had no dealings. I hope to publish in the not very distant future a curious collection of the observations (I have made on my) travels.

For the present I shall only say that the class

[1] Russ. : convey.
[2] See page 12, note 1.
[3] An official document corresponding to a warrant or road-pass.

ционных смотрителей представлено общему мнению в самом ложном виде. Сии столь оклеветанные смотрители вообще суть люди мирные, от природы услужливые, склонные к общежитию, скромные в притязаниях на почести и не слишком сребролюбивые.

Из их разговоров (коими некстати пренебрегают господа проезжающие) можно почерпнуть много любопытного и поучительного. Что касается до меня, то, признаюсь, я предпочитаю их беседу речам какого-нибудь чиновника 6го класса, следующего по казённой надобности.

Легко можно догадаться, что есть у меня приятели из почтенного сословия смотрителей. В самом деле, память одного из них мне драгоценна. Обстоятельства некогда сблизили нас, и об нём-то намерен я теперь побеседовать с любезными читателями.

В 1816 году, в мае месяце, случилось мне проезжать через ***скую губернию, по тракту, ныне уничтоженному. Находился я в мелком чине, ехал на перекладных, и платил прогоны [1] за две лошади. Вследствие сего смотрители со мною не церемонились, и часто бирал я с бою то, что, во мнении моём, следовало мне по праву.

Будучи молод и вспыльчив, я негодовал на низость и малодушие смотрителя, когда сей последний отдавал приготовленную мне тройку под коляску чиновного барина. Столь же долго не мог я привыкнуть и к тому, чтоб разборчивый холоп обносил меня блюдом на губернаторском обеде.

---

[1] Прогоны—деньги на поездку по казённой надобности.

of station-keepers has been presented to public opinion in a very false light. These postmasters (who have been) so much traduced, are, in general, peaceable folk, by nature obliging, inclined to sociability, modest in their claims to honour, and not over-fond of money.

From their conversation, which the travelling public unduly despises, one can derive much that is interesting and instructive. As far as I am concerned, I avow that I prefer their gossip to the conversation of any official of the sixth class travelling on government business.

It can be easily guessed that I have friends in this worthy class of postmasters. Indeed, the memory of one of them is dear to me. Circumstances at one time brought us together, and (it is) about him (that) I now intend to talk with my dear readers.

In the year 1816, in May, I happened to be travelling through the government of X. along a route now disused. I occupied a modest rank, travelled post and paid the fare [1] for two horses. In consequence of this the station-keepers treated me with scant ceremony, and often I would take with violence what, in my opinion, was due to me by right.

Being young and hot-tempered, I would express my indignation at the baseness and mean spirit of the postmaster, when the latter gave the team that had been prepared for me, (to be harnessed) to the carriage of (some) gentleman of higher rank. Just in the same way, for a long time, I could not get accustomed to being passed over by some shrewd serf, when I was at the governor's dinner-table.

[1] The word прогоны means the sum allowed to cover all expenses incurred by any one travelling on official business.

# СТАНЦИОННЫЙ СМОТРИТЕЛЬ

Ны́не то и друго́е ка́жется мне в поря́дке веще́й. В са́мом де́ле, что бы́ло бы с на́ми, е́сли бы вме́сто общеудо́бного пра́вила: «чин чи́на почита́й», ввело́сь в употребле́ние друго́е, наприме́р: «ум ума́ почита́й»? Каки́е возни́кли бы спо́ры! и слу́ги с кого́ бы начина́ли ку́шанье подава́ть? Но обраща́юсь к мое́й по́вести.

День был жа́ркий. В трёх верста́х от ста́нции *** ста́ло накра́пывать, и че́рез мину́ту проливно́й дождь вы́мочил меня́ до после́дней ни́тки. По прие́зде на ста́нцию, пе́рвая забо́та была́ поскоре́е переоде́ться, втора́я спроси́ть себе́ ча́ю.

«Эй, Ду́ня?» закрича́л смотри́тель: «поста́вь самова́р, да сходи́ за сли́вками».

При сих слова́х вы́шла из-за перегоро́дки де́вочка лет четы́рнадцати и побежа́ла в се́ни. Красота́ её меня́ порази́ла.

«Это твоя́ до́чка?» спроси́л я смотри́теля.

«До́чка-с», отвеча́л он с ви́дом дово́льного самолю́бия: «да така́я разу́мная, така́я прово́рная, вся в поко́йницу мать».

Тут он приня́лся́ перепи́сывать мою́ подоро́жную, а я заня́лся́ рассмотре́нием карти́нок, украша́вших его́ смире́нную, но опря́тную оби́тель. Они́ изобража́ли исто́рию блу́дного сы́на: в пе́рвой, почте́нный стари́к в колпаке́ и шлафро́ке отпуска́ет беспоко́йного ю́ношу, кото́рый поспе́шно принима́ет его́ благослове́ние и мешо́к с деньга́ми. В друго́й, я́ркими черта́ми изображено́ развра́тное поведе́ние молодо́го челове́ка; он

# THE POSTMASTER

Nowadays both these things appear quite in order. Indeed, what would become of us, if, instead of the generally convenient principle "Let rank respect rank," there were brought into use another, for instance, "Let mind respect mind"? What quarrels would arise! And the servants—with whom would they begin to serve the food? But let us turn to my story.

It was a warm day. At three versts from the station of N. a few drops began to fall, and in a minute drenching rain had soaked me to the last stitch. On arriving at the station, my first care was, as soon as possible, to change my clothes; the second was to ask for tea.

"Hey, Dunya," cried the postmaster, "put on the samovar and go out for some cream."

At these words there came out from behind the partition a maiden of about fourteen, who ran to the porch. Her beauty astonished me.

"Is that your daughter?" I asked the postmaster.

"That's my daughter, sir," he answered with an air of satisfied self-esteem, "and she is such a sensible (lass), too, so smart, just like her departed mother."

Then he began to copy my order for horses and I busied myself looking at the pictures that adorned his humble but tidy dwelling. They represented the story of the prodigal son. In the first, a respectable old gentleman, in night-cap and dressing-gown, was bidding farewell to a restless youth, who was hastily accepting his blessing and a bag of money.

In the second, in gaudy colours, was depicted the riotous living of the young man: he was

сидит за столом, окружённый ложными друзьями и бесстыдными женщинами.

Далее, промотавшийся юноша, в рубище и в треугольной шляпе, пасёт свиней и разделяет с ними трапезу; в его лице изображены глубокая печаль и раскаяние.

Наконец, представлено возвращение его к отцу: добрый старик в том же колпаке и шлафроке выбегает к нему на встречу; блудный сын стоит на коленях; в перспективе повар убивает упитанного тельца, и старший брат вопрошает слуг о причине таковой радости.

Под каждой картинкой прочёл я приличные немецкие стихи. Всё это доныне сохранилось в моей памяти, также как и горшки с бальзамином и кровать с пёстрой занавескою и прочие предметы, меня в то время окружавшие.

Вижу как теперь, самого хозяина, человека лет пятидесяти, свежего и бодрого, и его длинный зелёный сюртук с тремя медалями на полинялых лентах.

Не успел я расплатиться со старым моим ямщиком, как Дуня возвратилась с самоваром. Маленькая кокетка со второго взгляда заметила впечатление, произведённое ею на меня; она потупила большие голубые глаза. Я стал с нею разговаривать; она отвечала мне безо всякой робости, как девушка, видевшая свет. Я предложил отцу её стакан пуншу; Дуне подал я чашку чаю, и мы втроём начали беседовать, как будто век были знакомы.

Лошади были давно готовы, а мне всё не хотелось расстаться с смотрителем и его дочкой.

sitting at a table, surrounded by false friends and shameless women.

Farther on (in the next picture) the ruined youth, in rags and (wearing) a three-cornered hat, was feeding swine and sharing their food ; on his face were depicted profound grief and repentance.

Finally, there was represented his return to his father : the good old man, in the same night-cap and dressing-gown, was running out to meet him ; the prodigal was on his knees ; in the back-ground the cook was slaying the fatted calf and the elder brother was questioning the servants about the reason for such rejoicing.

Beneath each picture I read appropriate German verses. All that has been preserved in my memory to this day, as well as the flower-pots with balm (in them), the bed with the bright-coloured curtains, and the other objects that surrounded me at that time.

I (can) see the postmaster himself as (plainly as if he were before me) now, a man of about fifty, hale and hearty, in his long green coat, with the three medals (attached) to faded ribbons.

I had scarcely managed to settle with my old driver, when Dunya returned with the samovar. The little coquette, with a second glance, had noticed the impression produced by her on me ; she cast down her large blue eyes.

I began to converse with her ; she answered me without any shyness, like a girl who had seen (a bit of) the world. I offered her father a glass of punch ; to Dunya I gave a cup of tea ; and we three began to chat as if we had been acquainted for ages.

The horses had been ready for some time, but still I had no inclination to take my leave of the postmaster and his daughter. At last I did bid

# СТАНЦИОННЫЙ СМОТРИТЕЛЬ

Наконец я с ними простился; отец пожелал мне доброго пути, а дочь проводила до телеги. В сенях я остановился и просил у ней позволения её поцеловать; Дуня согласилась... Много могу я насчитать поцелуев

С тех пор, как этим занимаюсь,[1]

но ни один не оставил во мне столь долгого, столь приятного воспоминания.

Прошло несколько лет, и обстоятельства привели меня на тот самый тракт, в те самые места. Я вспомнил дочь старого смотрителя и обрадовался при мысли, что увижу её снова. «Но», подумал я, «старый смотритель, может быть, уже сменён; вероятно, Дуня уже замужем». Мысль о смерти того или другого также мелькнула в уме моём, и я приближался к станции *** с печальным предчувствием. Лошади стали у почтового домика.

Вошед в комнату, я тотчас узнал картинки, изображающие историю блудного сына; стол и кровать стояли на прежних местах, но на окнах уже не было цветов, и всё кругом показывало ветхость и небрежение.

Смотритель спал под тулупом; мой приезд разбудил его; он привстал... Это был точно Симеон Вырин; но как он постарел! Покамест собирался он переписать мою подорожную, я смотрел на его седину, на глубокие морщины давно небритого лица, на сгорбленную спину—и не мог надивиться, как три или четыре года могли превратить бодрого мужчину в хилого старика.

[1] Англ.: с первого поцелуя, который я дал.

them farewell; the father wished me a good journey and the daughter was accompanying me to the carriage. In the porch I stopped and asked her for permission to kiss her; Dunya consented. . . . I can count up many kisses (that I have given)

Since the first one I gave,[1]

but not one has left with me such a lasting, such a pleasant memory.

Several years passed, and circumstances brought me on to the same route, into the same localities. I remembered the postmaster's daughter and rejoiced at the thought that I should see her again.

"But," I thought, "the old station-keeper has perhaps been removed ere this; probably Dunya is already married." The thought of the death of either of them also flashed through my mind, and I was approaching the station with gloomy foreboding. The horses had reached the little station-house.

As soon as I entered the room, I recognized the pictures representing the story of the prodigal son. The table and bed were standing in their original places, but on the window-sills there were no flowers now, and everything around pointed to decay and neglect.

The postmaster was sleeping under his sheepskin coat; my arrival awakened him; he raised himself a little. . . . It was indeed Simeon Wirin, but how old he had grown! While he was preparing to copy my road-pass, I looked at his grey hair, at the deep wrinkles on his face, that had not been shaved for days, at his bent back; and I could not get over my astonishment that three or four years could have transformed a vigorous man into (such) a decrepit old fellow!

[1] Russ.: since I first occupied myself with that, *i.e.* the business of kissing.

«Узнал ли ты меня?» спросил я его: «мы с тобою старые знакомые».

«Может статься», отвечал он угрюмо: «здесь дорога большая, много проезжих у меня перебывало».

«Здорова ли твоя Дуня?» продолжал я.

Старик нахмурился.

«А Бог её знает», отвечал он.

«Так, видно, она замужем?» сказал я.

Старик притворился, будто бы не слыхал моего вопроса, и продолжал шёпотом читать мою подорожную. Я прекратил свои вопросы и велел поставить чайник. Любопытство начинало меня беспокоить, и я надеялся, что пунш разрешит язык моего старого знакомца.

Я не ошибся: старик не отказался от предлагаемого стакана. Я заметил, что ром прояснил его угрюмость. На втором стакане сделался он разговорчив; вспомнил, или показал вид, будто бы вспомнил меня, и я узнал от него повесть, которая в то время сильно меня заняла и тронула.

«Так вы знали мою Дуню?» начал он. «Кто же и не знал её? Ах, Дуня, Дуня! Что за девка-то была! Бывало кто ни проедет, всякий похвалит, никто не осудит. Барыни дарили её, та—платочком, та—серёжками. Господа проезжие нарочно останавливались, будто бы пообедать, аль отужинать, а в самом деле, только чтоб на неё подолее поглядеть.

«Бывало, барин, какой бы сердитый ни был, при ней утихает и милостиво со мною разговаривает. Поверите-ль, сударь: курьеры, фельдъегеря с нею по получасу заговаривались.

" Did you recognize me ? " I asked him. " I am an old acquaintance of yours."

" That may be," he answered morosely. " This is the high-road and many travellers have passed (and stopped at) my house."

" Is your Dunya well ? " I continued.

The old man scowled.

" Perhaps God knows ! " he answered.

" So it seems that she is married ? " I said.

The old man feigned not to hear my question and continued, in an undertone, to read my order for fresh horses. I stopped my questioning and ordered the tea-urn to be brought in. Curiosity was beginning to disturb me and I was hoping that (a glass of) punch would loosen the tongue of my old acquaintance.

I was not mistaken (in this expectation) : the old man did not refuse the proffered glass. I noticed that the rum cleared away his surliness. At the second glass he became talkative ; he remembered, or pretended that he remembered, me, and I learned from him the story, which at that time interested and moved me powerfully.

" So you knew my Dunya ? " he began. " Who didn't know her, then ? Oh, Dunya, Dunya ! What a fine girl she was ! Whoever passed this way used to praise her, no one found fault with her. The ladies used to give her presents, one (would present her) with a handkerchief, another with earrings. And gentlemen travellers would stop intentionally, as if to dine or to sup, but really only in order to gaze longer upon her.

" It used to be the case that any gentleman, however angry he might be, would calm down in her presence and converse kindly with me. Would you believe it, sir ? couriers and dispatch-riders would chat with her by the half-hour. The house

Ею дом держался; что прибрать, что приго-
товить, за всем успевала.

«А я-то, старый дурак, не нагляжусь, бывало,
не нарадуюсь; уж я ли не любил моей Дуни,
я ль не лелеял моего дитяти; уж ей ли не
было житьё? Да нет, от беды не отбожиться;[1]
что суждено, тому не миновать».

Тут он стал подробно рассказывать мне своё
горе.

Три года тому назад, однажды, в зимний
вечер, когда смотритель разлинёвывал новую
книгу, и дочь его за перегородкой шила себе
платье, тройка подъехала, и проезжий в чер-
кесской шапке, в военной шинели, окутанный
шалью, вошёл в комнату, требуя лошадей.

Лошади все были в разгоне. При этом
известии, путешественник возвысил было голос
и нагайку; но Дуня, привыкшая к таковым
сценам, выбежала из-за перегородки и ласково
обратилась к проезжему с вопросом: «не
угодно ли будет ему чего-нибудь покушать?»
Появление Дуни произвело обыкновенное своё
действие.

Гнев проезжего прошёл; он согласился
ждать лошадей и заказал себе ужин. Сняв
мокрую, косматую шапку, отпутав шаль и
сдёрнув шинель, проезжий явился молодым
стройным гусаром с чёрными усиками.

Он расположился у смотрителя, начал
весело разговаривать с ним и с его дочерью.
Подали ужинать. Между тем лошади пришли,

---

[1] Избегать беды, помня имя Бога.

was kept by her; whatever was to be set in order, whatever was to be prepared, she managed it all.

"And I, old fool, couldn't admire her or rejoice in her sufficiently. Didn't I love my Dunya then? Didn't I cherish my child? Didn't she have a good time? But no, from misfortune you cannot escape by making a vow[1]; what is ordained by fate, that you cannot avoid."

And then he began to relate to me in detail his sorrow.

Three years before, one winter evening, when the postmaster was making out a new book and his daughter, behind the partition, was sewing a dress for herself, a troika drove up and a traveller in a Circassian cap and military cloak, and muffled up in a plaid, entered the room and demanded horses.

All the horses were out on the road. On (hearing) this intelligence, the traveller was about to raise his voice and his whip, but Dunya, accustomed to such scenes, came running out from behind the partition and addressed the traveller sweetly, asking him if it was not his pleasure to take something to eat? Dunya's appearance produced its usual effect.

The traveller's wrath passed; he agreed to wait for horses and ordered supper. When he had taken off his wet, hairy cap, discarded his plaid and pulled off his cloak, the traveller revealed himself as a young, well-proportioned hussar, with a black moustache.

He settled down in the postmaster's quarters, and began to converse gaily with him and with his daughter. Supper was served. Meanwhile, horses had arrived and the postmaster had ordered

[1] Russ.: ' to swear oneself out of ' trouble.

и смотри́тель приказа́л, чтоб то́тчас, не кормя́, запряга́ли их в киби́тку[1] прое́зжего.

Но, возвратя́сь, нашёл он молодо́го челове́ка почти́ без па́мяти лежа́щего на ла́вке: ему́ сде́лалось ду́рно, голова́ разболе́лась, невозмо́жно бы́ло е́хать... Как бы́ть! Смотри́тель уступи́л ему́ свою́ крова́ть, и положено бы́ло, е́сли больно́му не бу́дет ле́гче, на друго́й день у́тром посла́ть в С*** за ле́карем.

На друго́й день гуса́ру ста́ло ху́же. Челове́к его́ пое́хал верхо́м в го́род за ле́карем. Ду́ня обвяза́ла ему́ го́лову платко́м, намо́ченным у́ксусом, и се́ла с свои́м шитьём у его́ крова́ти. Больно́й при смотри́теле о́хал и не говори́л почти́ ни сло́ва, одна́ко ж вы́пил две ча́шки ко́фе и о́хая заказа́л себе́ обе́д.

Ду́ня от него́ не отходи́ла. Он помину́тно проси́л пить, и Ду́ня подноси́ла ему́ кру́жку е́ю загото́вленного лимона́да. Больно́й обма́кивал гу́бы и вся́кий раз, возвраща́я кру́жку, в знак благода́рности, сла́бою свое́ю руко́ю пожима́л Ду́нюшкину ру́ку.

К обе́ду прие́хал ле́карь. Он пощу́пал пульс больно́го, поговори́л с ним по-неме́цки, и по ру́сски объяви́л, что ему́ ну́жно одно́ споко́йствие, и что дня́ че́рез два́ ему́ мо́жно бу́дет отпра́виться в доро́гу. Гуса́р вручи́л ему́ два́дцать пять рубле́й за визи́т, пригласи́л его́ отобе́дать; ле́карь согласи́лся; о́ба е́ли с больши́м аппети́том, вы́пили буты́лку вина́ и расста́лись о́чень дово́льны друг дру́гом.

Прошёл ещё день, и гуса́р совсе́м ожи́ви́лся. Он был чрезвыча́йно ве́сел, без у́молку шути́л то с Ду́нею, то с смотри́телем; насви́стывал

---

[1] Доро́жная теле́га или са́ни с кры́шей.

them to be harnessed at once without being fed, to the traveller's kibitka.[1]

But, returning (to the room), he found the young man lying almost unconscious on a bench : he had turned ill, he had had a sudden pain in the head. It was impossible to travel. . . . What was to be done ? The postmaster gave up his bed to him, and it was decided, if the patient were not easier, to send next morning to S. for the doctor.

On the following day the hussar was worse. His man rode to the town for the doctor. Dunya bound his head with a handkerchief soaked in vinegar, and sat down with her sewing by his bedside. In the presence of the postmaster the patient groaned and hardly spoke a word ; however, he drank off two cups of coffee and (still) groaning he ordered dinner.

Dunya never left him. Every few moments he asked for a drink and Dunya was serving him with a jug of lemonade prepared by herself. The sick man moistened his lips, and every time, when returning the jug, he pressed Dunya's hand with his own weak hand in sign of gratitude.

Towards noon the doctor came. He felt the patient's pulse, talked a word or two with him in German and declared in Russian, that he needed only rest, and that, in a couple of days, it would be possible to set off on his journey. The hussar handed him twenty-five roubles for his visit, and invited him to dinner. The doctor agreed ; both ate with good appetite, emptied a bottle of wine and parted very well satisfied with each other.

Another day passed and the hussar was quite revived. He was extraordinarily cheerful, incessantly joking, now with Dunya and again with

[1] A travelling carriage or sledge (as in this case) with a tilt.

35

песни, разгова́ривал с прое́зжими, впи́сывал их подоро́жные в почто́вую кни́гу и так полюби́лся до́брому смотри́телю, что на тре́тье у́тро жаль бы́ло ему́ расста́ться с любе́зным свои́м постоя́льцем.

День был воскре́сный; Ду́ня собира́лась к обе́дне. Гуса́ру по́дали киби́тку. Он прости́лся с смотри́телем, ще́дро награди́в его́ за посто́й и угоще́ние; прости́лся и с Ду́нею и вы́звался довезти́ её до це́ркви, кото́рая находи́лась на краю́ дере́вни. Ду́ня стоя́ла в недоуме́нии...

«Чего́ же ты бои́шься?» сказа́л ей оте́ц: «ведь его́ высокоблагоро́дие. не волк и тебя́ не съест; прокати́сь-ка до це́ркви».

Ду́ня се́ла в киби́тку по́дле гуса́ра, слуга́ вскочи́л на облучо́к, ямщи́к сви́стнул, и ло́шади поскака́ли.

Бе́дный смотри́тель не понима́л, каки́м о́бразом мог он сам позво́лить свое́й Ду́не е́хать вме́сте с гуса́ром, как нашло́ на него́ ослепле́ние, и что тогда́ бы́ло с его́ ра́зумом. Не прошло́ и получа́са, как се́рдце его́ на́чало ныть, ныть, и беспоко́йство овладе́ло им до тако́й сте́пени, что он не утерпе́л и пошёл сам к обе́дне.

Подходя́ к це́ркви, уви́дел он, что наро́д уже́ расходи́лся, но Ду́ни не́ было ни в огра́де, ни на па́перти. Он поспе́шно вошёл в це́рковь: свяще́нник выходи́л из алтаря́; дьячо́к гаси́л све́чи; две стару́шки моли́лись ещё в углу́; но Ду́ни в це́ркви не́ было. Бе́дный оте́ц наси́лу реши́лся спроси́ть у дьячка́, была́ ли она́ у обе́дни. Дьячо́к отвеча́л, что не быва́ла.

Смотри́тель пошёл домо́й ни жив, ни мёртв.

the postmaster, whistling songs, chatting with the
(passing) travellers, entering their orders for horses
in the post-book; and he so ingratiated himself
with the postmaster, that on the third morning
the latter was sorry to part from his amiable guest.

It was Sunday, and Dunya was preparing to go
to mass. The hussar's kibitka was before the
door. He said farewell to the postmaster, having
rewarded him generously for his bed and board,
said good-bye to Dunya and offered to convey her
as far as the church, which was at the extreme end
of the village. Dunya was standing in perplexity.
" What are you afraid of then ? " said her
father to her. " Surely his honour isn't a wolf
He won't eat you. Just drive as far as the church."

Dunya got into the kibitka beside the hussar,
the man-servant jumped on to the box, the driver
whistled and the horses galloped off.

The poor postmaster didn't understand how he
could have allowed his Dunya to drive with the
hussar, how (such) blindness had come upon him,
and what had come over his understanding, at
the time. Half-an-hour had not passed, when his
heart began to ache and ache, and anxiety mastered
him to such a degree, that he could bear it no
longer and himself went to the mass.

As he was approaching the church, he saw that
the people were already dispersing; but Dunya was
not in the precincts nor in the porch. Hurriedly
he entered the church; the priest was coming out
from the altar; the sacristan was putting out the
candles; two old women were still praying in one
corner : but Dunya was not in the church. The
poor father with difficulty decided to ask the
sacristan whether she had been at mass. The
sacristan answered that she had not.

The postmaster went home more dead than

Одна оставалась ему надежда: Дуня по ветрености молодых лет вздумала, может быть, прокатиться до следующей станции, где жила её крёстная мать.

В мучительном волнении ожидал он возвращения тройки, на которой он отпустил её. Ямщик не возвращался. Наконец к вечеру приехал он один и хмелен, с убийственным известием:

«Дуня с той станции отправилась далее с гусаром».

Старик не снёс своего несчастия: он тут же слёг в ту самую постель, где накануне лежал молодой обманщик. Теперь смотритель, соображая все обстоятельства, догадывался, что болезнь была притворная. Бедняк занемог сильной горячкою; его свезли в С*** и на его место определили на время другого.

Тот же лекарь, который приезжал к гусару, лечил и его. Он уверил смотрителя, что молодой человек был совсем здоров, и что тогда ещё догадывался он о его злобном намерении, но молчал, опасаясь его нагайки. Правду ли говорил немец, или только желал похвастаться дальновидностью, но он ни мало тем не утешил бедного больного.

Едва оправясь от болезни, смотритель выпросил у С*** почтмейстера отпуск на два месяца, и не сказав никому ни слова о своём намерении, пешком отправился за своею дочерью. Из подорожной знал он, что ротмистр Минский ехал из Смоленска в Петербург. Ямщик, который вёз его, сказал, что во всю дорогу Дуня плакала, хотя, казалось, ехала по своей охоте.

alive. One hope remained to him : that Dunya, with the thoughtlessness of young folks, had perhaps taken it into her head to drive on to the next station, where her godmother lived.

In painful agitation of mind he awaited the return of the troika in which he had let her go. The driver (seemed) never (to be) coming back. At last towards evening he returned alone and drunk, with the stunning intelligence :

" Dunya has gone on from the next station with the hussar."

The old man could not bear his misfortune ; he lay down in the same bed in which the young deceiver had been lying the day before. Now, picturing (in his mind) all the circumstances, he was coming to the conclusion that the illness had been assumed. The poor man fell into a high fever ; they conveyed him away to S. and appointed another in his place for the time (being).

The same doctor, who had come (to see) the hussar, treated him also. He assured the postmaster that the young man had been perfectly well, and that, even at the time of his visit, he divined the man's evil intentions, but had kept silent, being afraid of his whip. Whether the German was speaking the truth or merely wished to make a show of perspicacity, he in no wise comforted the poor patient (by what he said).

Scarcely convalescent from his illness, the station-keeper asked the postmaster of S. for leave of absence for two months, and, having said not a word to any-body of his intention, he set off on foot to find his daughter. From the road-pass he knew that Captain Minsky had been travelling from Smolensk to Peters-burg. The coachman, who had driven him, had said that all the way Dunya had been weeping, although, it seemed, that she was going of her own accord.

# СТАНЦИОННЫЙ СМОТРИТЕЛЬ

«Аво́сь,» ду́мал смотри́тель «приведу́ я домо́й заблу́дшую ове́чку мою́». С э́той мы́слию при́был он в Петербу́рг, останови́лся в Изма́йловском полку́, в до́ме отставно́го у́нтер-офице́ра, своего́ ста́рого сослужи́вца, и на́чал свой по́иски. Вско́ре узна́л он, что ротми́стр Ми́нский в Петербу́рге и живёт в Дему́товом тракти́ре. Смотри́тель реши́лся к нему́ яви́ться.

Ра́но у́тром пришёл он в его́ пере́днюю и проси́л доложи́ть его́ высокоблагоро́дию, что ста́рый солда́т про́сит с ним уви́деться. Вое́нный лаке́й, чи́стя сапо́г на коло́дке, объяви́л, что ба́рин почива́ет, и что пре́жде оди́ннадцати часо́в не принима́ет никого́. Смотри́тель ушёл и возврати́лся в назна́ченное вре́мя. Ми́нский вы́шел сам к нему́ в хала́те, в кра́сной скуфье́.

«Что, брат, тебе́ на́добно?» спроси́л он его́.
Се́рдце старика́ закипе́ло, слёзы наверну́лись на глаза́х, и он дрожа́щим го́лосом произнёс то́лько:

«Ва́ше высокоблагоро́дие!... сде́лайте таку́ю бо́жескую ми́лость!...»

Ми́нский взгляну́л на него́ бы́стро, вспы́хнул, взял его́ за́ руку, повёл в кабине́т и за́пер за собо́ю дверь.

«Ва́ше высокоблагоро́дие!» продолжа́л стари́к, «что с во́зу упа́ло, то пропа́ло;[1] отда́йте мне, по кра́йней ме́ре, бе́дную мою́ Ду́ню. Ведь вы нате́шились е́ю; не погуби́те же её по-напра́сну».

«Что сде́лано, того́ не воро́тишь», сказа́л

---

[1] Англ.: что пропало, то пропало.

" Perhaps," thought the postmaster, " I shall bring my lost sheep home." With that thought he arrived at Petersburg, put up at (the quarters of) the Ismaelovsky regiment, in the house of a former non-commissioned officer, his old comrade, and began his search. Soon he learned that Captain Minsky was in Petersburg and was living in the Demutovy Hotel. The postmaster resolved to call upon him.

Early in the morning he arrived in the hall of Minsky's house and requested (them) to announce him to his honour (and to say) that an old soldier was asking to see him. The orderly, who was cleaning boots on boot-trees, declared that his master was sleeping, and that before eleven o'clock he never received anybody. The postmaster went away and returned at the hour indicated. Minsky himself came out to meet him, in his dressing-gown and red skull-cap.

" Well, brother, what do you want ? "

The old man's heart began to beat violently, the tears welled up in his eyes, and in a trembling voice he uttered only the words :

" Your honour, show me in heaven's name the kindness——"

Minsky looked at him sharply, flared up, took him by the hand, led him into his room and shut the door behind him.

" Your honour," continued the old man, " what is lost is lost.[1] Give me back, at least, my Dunya. Surely you have amused yourself sufficiently with her. Do not, I implore you, idly ruin her."

" What is done, that you cannot recall," said

---

[1] The word воз means ' a loaded cart,' and the literal rendering of the Russian is, " What has fallen from the cart is lost."

молодо́й челове́к в кра́йнем замеша́тельстве; «винова́т пе́ред тобо́ю и рад проси́ть у тебя́ проще́ния; но не ду́май, чтоб я Ду́ню мог поки́нуть: она́ бу́дет сча́стлива, даю́ тебе́ че́стное сло́во. Заче́м тебе́ её? Она́ меня́ лю́бит; она́ отвы́кла от пре́жнего своего́ состоя́ния. Ни ты, ни она́—вы не забу́дете того́, что случи́лось».

Пото́м, су́нув ему́ что́-то за рука́в, он отвори́л дверь, и смотри́тель, сам не по́мня как, очути́лся на у́лице.

До́лго стоя́л он неподви́жно, наконе́ц уви́дел за обшла́гом своего́ рукава́ свёрток бума́г; он вы́нул их и разверну́л не́сколько пяти́десятирублёвых смя́тых ассигна́ций.

Слёзы опя́ть наверну́лись на глаза́х его́— слёзы негодова́ния! Он сжал бума́жки в комо́к, бро́сил их на́ земь, притопта́л каблуко́м и пошёл...

Отоше́д не́сколько шаго́в, он останови́лся, поду́мал... и вороти́лся... но ассигна́ций уже́ не́ было. Хорошо́ оде́тый молодо́й челове́к, уви́дя его́, подбежа́л к изво́зчику, сел поспе́шно и закрича́л: «пошёл!...» Смотри́тель за ним не погна́лся.

Он реши́лся отпра́виться домо́й на свою́ ста́нцию, но пре́жде хоте́л хоть раз ещё уви́деть бе́дную свою́ Ду́ню. Для сего́, дня че́рез два, вороти́лся он к Ми́нскому; но вое́нный лаке́й сказа́л ему́ суро́во, что ба́рин никого́ не принима́ет, гру́дью[1] вы́теснил его́ из пере́дней, и хло́пнул две́ри ему́ под нос. Смотри́тель постоя́л, постоя́л, да и пошёл.

В э́тот са́мый день, ве́чером, шёл он по Лите́йной, отслужи́в моле́бен у Всех Скорбя́щих.

---

[1] Англ.: вытеснил плечом.

the young man in the greatest confusion. " I am guilty before you and (should be) glad to ask your forgiveness. But do not think that I could give up Dunya. She will be happy, I give you my word of honour. Why (should) you (want) her ? She loves me. She has grown disused to her former condition. Neither you nor she will forget what has happened."

Then, having slipped something into his sleeve, he opened the door, and the postmaster found himself in the street, himself not knowing how.

For long he stood perfectly still. At last he caught sight of a roll of paper in the cuff of his sleeve. He pulled out and unrolled several crumpled fifty-rouble notes.

Tears again welled up in his eyes, tears of indignation. He squeezed the papers into a ball, threw them on the ground, stamped on them with his heel, and went away.

When he had gone away a few steps, he stopped, began to consider . . . and turned back . . . but the notes had disappeared. A well-dressed young man catching sight of him ran up to a cab, got in quickly, and shouted, " Off ! quick ! " The postmaster did not follow him.

He resolved to go home to his own station, but before going, he wanted to get a glimpse of his poor Dunya again, even if it were only once. For that (purpose), he returned, two days later, to Minsky's, but the orderly told him roughly that his master was receiving nobody, hustled[1] him out of the entrance-hall, and banged the door in his face. The postmaster stood waiting for some time and then went away.

That same day, in the evening, he was walking along Foundry Street, after hearing a *Te Deum* in

---

[1] Russ. : with his breast.

# СТАНЦИОННЫЙ СМОТРИТЕЛЬ

Вдруг промча́лись пе́ред ним щего́льские дро́жки, и смотри́тель узна́л Ми́нского. Дро́жки останови́лись пе́ред трёхэта́жным до́мом, у са́мого подъе́зда, и гуса́р вбежа́л на крыльцо́. Счастли́вая мысль мелькну́ла в голове́ смотри́теля. Он вороти́лся, и поровня́вшись с ку́чером :

«Чья, брат, ло́шадь?» спроси́л он : «не Ми́нского ли?»

«То́чно так», отвеча́л ку́чер : «а что тебе́?»

«Да вот что : ба́рин твой приказа́л мне отнести́ к его́ Ду́не запи́сочку, а я и позабу́дь, где Ду́ня-то его́ живёт».

«Да вот здесь, во второ́м этаже́. Опозда́л ты брат, с твое́й запи́ской ; тепе́рь уж он сам у неё».

«Ну́жды нет», возрази́л смотри́тель с неизъясни́мым движе́нием се́рдца, «спаси́бо, что надоу́мил, а я своё де́ло сде́лаю».

И с э́тим сло́вом пошёл он по ле́стнице.

Две́ри бы́ли за́перты ; он позвони́л. Прошло́ не́сколько секу́нд в тя́гостном для него́ ожида́нии. Ключ загреме́л ; ему́ отвори́ли.

«Здесь стои́т Авдо́тья Симео́новна?» спроси́л он.

«Здесь», отвеча́ла молода́я служа́нка : «заче́м тебе́ её на́добно?»

Смотри́тель, не отвеча́я, вошёл в за́лу.

«Нельзя́, нельзя́!»[1] закрича́ла ему́ вслед служа́нка : «у Авдо́тьи Симео́новны го́сти».

Но смотри́тель, не слу́шая, шёл да́лее.

[1] Англ.: не должны войти.

the church of All the Heavy Laden. Suddenly a smart droshky galloped past him and the post-master recognized Minsky. The droshky stopped in front of a three-storied house, right at the entrance, and the hussar ran up the stairs. A happy thought flashed through the postmaster's head. He turned, and coming up to the coachman, he asked,

" Whose is the horse, brother ? Isn't it Minsky's ? "

" Just so," answered the coachman, " but what do you want ? "

" Well, this is what (I want). Your master ordered me to take a note to his Dunya, but I have gone and forgotten where his Dunya lives."

" Why, it 's here, on the second flat. You 've come late with your note, brother. He is already with her himself now."

" No harm done," returned the postmaster, with inexplicable emotion. " Thank you for making the suggestion (that I am too late), but I 'll manage my own business."

And with that word he went up the stairs.

The doors were shut. He rang. Several seconds passed for him in painful expectation. A key rattled ; they opened (the door) to him.

" Does Avdotya Semeonovna live here ? " he asked.

" (She lives) here," answered the young maid. " What do you want with her ? "

The postmaster, without answering, went into the hall.

" You mustn't go in.[1] It 's impossible ! " the maid called after him. " Avdotya Semeonovna has got visitors."

But the postmaster, not listening to her, went on.

[1] Russ. : it is impossible !

# СТАНЦИОННЫЙ СМОТРИТЕЛЬ

Две пе́рвые ко́мнаты бы́ли тёмны, в тре́тьей был ого́нь. Он подошёл к раство́ренной две́ри и останови́лся. В ко́мнате, прекра́сно у́бранной, Ми́нский сиде́л в заду́мчивости. Ду́ня, оде́тая со все́ю ро́скошью мо́ды, сиде́ла на ру́чке его́ кре́сел, как нае́здница на своём англи́йском седле́. Она́ с не́жностию смотре́ла на Ми́нского, нама́тывая чёрные его́ ку́дри на свои́ сверка́ющие па́льцы. Бе́дный смотри́тель! Никогда́ дочь его́ не каза́лась ему́ столь прекра́сною; он по нево́ле е́ю любова́лся.

«Кто там?» спроси́ла она́, не поднима́я головы́.

Он всё молча́л. Не получа́я отве́та, Ду́ня подняла́ го́лову... и с кри́ком упа́ла на ковёр.

Испу́ганный Ми́нский ки́нулся её поднима́ть и вдруг, уви́дя в дверя́х ста́рого смотри́теля, оста́вил Ду́ню и подошёл к нему́, дрожа́ от гне́ва.

«Чего́ тебе́ на́добно?» сказа́л он ему́, сти́снув зу́бы: «что ты за мно́ю всю́ду крадёшься как разбо́йник? и́ли хо́чешь меня́ заре́зать? Пошёл вон!» и си́льной руко́ю схвати́в старика́ за во́рот, вы́толкнул его́ на ле́стницу.

Стари́к пришёл к себе́ на кварти́ру. При́ятель его́ сове́товал ему́ жа́ловаться; но смотри́тель поду́мал, махну́л руко́й и реши́лся отступи́ться.[1] Че́рез два дня отпра́вился он из Петербу́рга обра́тно на свою́ ста́нцию и опя́ть приня́лся за свою́ до́лжность.

«Вот уже́ тре́тий год», заключи́л он, «как живу́ я без Ду́ни и как об ней нет ни слу́ху, ни ду́ху. Жива́ ли, нет ли, Бог её ве́дает.

---

[1] Англ.: отказаться от дальнейшей попытки.

The two first rooms were dark. In the third was a fire. He stepped up to the open door and stopped. In the room, (which was) beautifully decorated, Minsky was sitting deep in thought. Dunya, clothed with all the elegance of fashion, was sitting on the arm of his chair, like a lady on horseback on her side-saddle. She was gazing at Minsky with tenderness, twisting his black locks round her sparkling fingers. Poor postmaster! Never had his daughter seemed so beautiful to him. Involuntarily he admired her.

" Who is there ? " she asked, without raising her head.

He still kept silent. Not receiving an answer, Dunya raised her head . . . and, with a cry, fell on the floor.

Minsky, in dismay, rushed to pick her up, and suddenly catching sight of the old postmaster in the doorway, he left Dunya, and went up to him, trembling with rage.

" What do you want ? " he said to him, gnashing his teeth. " Why are you sneaking everywhere after me like a robber ? Or do you want to murder me ? Get out ! " And, with a violent hand, seizing the old man by the collar, he threw him down the stair.

The old man arrived at his own rooms. His friend advised him to make a complaint, but the postmaster thought a moment, waved his hand and resolved to renounce [1] (all further effort). After two days he betook himself from Petersburg back to his own station and resumed his duty.

" It 's the third year now," he concluded, " that I 've been living without Dunya, and that I haven't heard or seen anything of her. Whether she is

---

[1] Russ.: to retire or retreat, and then ' to withdraw from ' any enterprise.

# СТАНЦИОННЫЙ СМОТРИТЕЛЬ

Вся́ко случа́ется. Не её пе́рвую, не её после́днюю смани́л проезжий пове́са, а там подержа́л, да и бро́сил.

«Мно́го их в Петербу́рге, моло́деньких дур, сего́дня в атла́се да в ба́рхате, а за́втра, погляди́шь, мету́т у́лицу вме́сте с го́лью каба́цкою.[1] Как поду́маешь поро́ю, что и Ду́ня, мо́жет быть, тут же пропада́ет, так понево́ле согреши́шь, да пожела́ешь ей моги́лы»...

Тако́в был расска́з прия́теля моего́, ста́рого смотри́теля, расска́з, неоднокра́тно прерыва́емый слеза́ми, кото́рые живопи́сно отира́л он свое́ю поло́ю, как усе́рдный Тере́нтьич в прекра́сной балла́де Дми́триева.[2] Слёзы э́ти отча́сти возбуждены́ бы́ли пу́ншем, ко́его вы́тянул он пять стака́нов в продолже́ние своего́ повество́вания; но ка́к бы то ни́ было, они́ си́льно тро́нули моё се́рдце. С ним расста́вшись, до́лго не мог я забы́ть ста́рого смотри́теля, до́лго ду́мал я о бе́дной Ду́не...

Неда́вно ещё, проезжа́я че́рез месте́чко ***, вспо́мнил я о моём прия́теле; я узна́л, что ста́нция, над кото́рой он нача́льствовал, уже́ уничто́жена. На вопро́с мой: «жи́в-ли ста́рый смотри́тель?» никто́ не мог дать мне удовлетвори́тельного отве́та. Я реши́лся посети́ть знако́мую сто́рону, взял во́льных лошаде́й и пусти́лся в село́ Н.

Это случи́лось о́сенью. Се́ренькие ту́чи по-

---

[1] Англ.: самыми голыми бродягами.

[2] Дмитриев (1760–1837) писал песни, басни, сатиры.

alive or dead, God knows. All sorts of things happen in this world. She is not the first and she won't be the last to be enticed away by some villain of a traveller, to be kept for a while and then thrown aside.

"There are lots of them in Petersburg, of these silly young fools, to-day in satin and velvet, and to-morrow, look you, they'll be sweeping the streets along with the poorest waifs.[1] When you think sometimes that Dunya too perhaps may be lost in the same way, then, in spite of yourself, you commit a sin and wish she was in her grave."

Such was the tale of my friend the old postmaster, a story more than once interrupted by tears which he wiped away picturesquely with his coat-tails, like angry Tyeryentyitch in Dmitrieff's[2] beautiful ballad. These tears were partly stimulated by the punch, of which he had poured out (and emptied) five glasses in the course of his narrative. But, however that may be, they stirred my heart deeply. Having taken my leave of him, I could not forget for a long time the old postmaster; for long I thought of poor Dunya.

Recently, again passing through the little town of A., I remembered my friend. I learned that the station of which he had been in charge, had already been suppressed. To my question, " Is the old postmaster still alive ? " no one could give me a satisfactory answer. I resolved to visit the well-known place. I took horses (that were) for hire, and set off for the village of N.

That happened in the autumn. Grey clouds

[1] The Russian phrase means 'the poor and miserable that you associate with the public-house.'
[2] Dmitrieff (1760–1837), a writer of songs, fables, and satires.

крыва́ли не́бо; холо́дный ве́тер дул с пожа́тых поле́й, унося́ кра́сные и жёлтые ли́стья со встре́чных дере́вьев. Я прие́хал в село́ при зака́те со́лнца и останови́лся у почто́вого до́мика. В се́ни (где не́когда поцелова́ла меня́ бе́дная Ду́ня) вы́шла то́лстая ба́ба.

И на вопро́сы мои́ отвеча́ла, что ста́рый смотри́тель с год как по́мер, что в до́ме его́ посели́лся пивова́р, а что она́—жена́ пивова́рова. Мне ста́ло жаль мое́й напра́сной пое́здки и семи́ рубле́й, изде́ржанных да́ром.

«От чего́ ж он у́мер?» спроси́л я пивова́рову жену́.

«Спи́лся, ба́тюшка», отвеча́ла она́.

«А где его́ похорони́ли?»
«За око́лицей,[1] по́дле поко́йной хозя́йки его́».

«Нельзя́ ли довести́ меня́ до его́ моги́лы?»

«Почему́ же нельзя́? Эй, Ва́нька! по́лно тебе́ с ко́шкою вози́ться. Проводи́-ка ба́рина на кла́дбище, да укажи́ ему́ смотри́телеву моги́лу».

При э́тих слова́х, обо́рванный ма́льчик, ры́жий и криво́й, вы́бежал ко мне́ и то́тчас повёл меня́ за око́лицу.

«Знал ты поко́йника?» спроси́л я его́ доро́гой.

«Как не знать! Он вы́учил меня́ ду́дочки выре́зывать. Быва́ло (ца́рство ему́ небе́сное!)

---

[1] Не запаханное пространство вокруг деревни, между крайними избами, заборами и ближайшими полями.

covered the sky. A cold wind was blowing from the harvested fields, carrying (before it) the red and yellow leaves from the trees it had passed over. I arrived in the village at sunset, and stopped at the little post-station. A fat woman came out to the porch, where once upon a time poor Dunya had kissed me.

In reply to my questions, she answered that the old postmaster had died just a year before, that a brewer had settled in his house, and that she was the brewer's wife. I was beginning to regret my fruitless journey and the seven roubles spent for nothing.

"What did he die of, then?" I asked the brewer's wife.

"He drank himself to death, father," she answered.

"And where did they bury him?"

"Behind the waste-ground,[1] beside his late wife."

"(Would it be) impossible to take me to his grave?"

"Why (should it be) impossible? Here, Johnny! You've played enough with the cat. Take the gentleman to the graveyard, and show him the postmaster's grave."

At these words a ragged urchin, red-haired and blind in one eye, ran out to me and took me at once beyond the waste-ground.

"Did you know the dead man?" I asked him on the way.

"How (should I) not know him? He taught me to cut whistles! It used to happen—God rest his soul—that he would come out of the public-

---

[1] «Околица» is the unused stretch of ground which is usually to be found at the end of the village between the last houses and the nearest fields.

идёт из кабака́, а мы́-то за ним: «де́душка, де́душка! оре́шков!» а он нас оре́шками и наделя́ет. Всё, быва́ло, с на́ми во́зится».

«А прое́зжие вспомина́ют ли его́?»

«Да ны́не ма́ло прое́зжих; ра́зве заседа́тель[1] завернёт, да тому́ не до мёртвых. Вот ле́том проезжа́ла ба́рыня, так та спра́шивала о ста́ром смотри́теле и ходи́ла к нему́ на моги́лу».

«Кака́я ба́рыня?» спроси́л я с любопы́тством.

«Прекра́сная ба́рыня», отвеча́л мальчи́шка: «е́хала она́ в каре́те в шесть лошаде́й, с тремя́ ма́ленькими барча́тами и с корми́лицей, и с чёрной мо́ською, и как ей сказа́ли, что ста́рый смотри́тель у́мер, так она́ запла́кала и сказа́ла де́тям: «сиди́те сми́рно, а я схожу́ на кла́дбище». А я бы́ло вы́звался довести́ её. А ба́рыня сказа́ла: «я сама́ доро́гу зна́ю». И дала́ мне пята́к серебро́м... така́я до́брая ба́рыня!»

Мы пришли́ на кла́дбище, го́лое ме́сто, ниче́м не ограждённое, усе́янное деревя́нными креста́ми, не осенёнными ни еди́ным де́ревцом. От роду не вида́л я тако́го печа́льного кла́дбища.

«Вот моги́ла ста́рого смотри́теля», сказа́л мне ма́льчик, вспры́гнув на гру́ду песку́, в кото́рую врыт был чёрный крест с ме́дным о́бразом.

«И ба́рыня приходи́ла сюда́?» спроси́л я.
«Приходи́ла», отвеча́л Ва́нька: «я смотре́л

house and we (would run) after him (shouting)
' Granddad, granddad, give us nuts ! ' And he
would really share out nuts to us. He always used
to lark about with us."

" And do travellers (passing) through remember
him ? "

" Well, there are few travellers (who pass
this way) now. Sometimes the assessor [1] will
turn up, but he has no dealings with dead men.
And then, last summer a lady came here in a
carriage ; *she* asked all about the old postmaster
and went to his grave."

" What sort of a lady ? " I asked with curiosity.

" A beautiful lady," answered the boy. " She
drove in a carriage and six, with three little gentlemen, a nurse, and a black pug-dog, and when they
told her that the old postmaster had died, she began
to cry and said to the children, ' Sit quietly and I
shall go to the graveyard.' And I wanted to offer
to show her the way there, but the lady said ' I
know the way myself ! ' And she gave me a
silver five-copeck piece. Such a kind lady ! "

We came to the graveyard, a bleak, deserted
place, fenced with nothing at all, strewn with
wooden crosses, shaded by not a single tree. In
all my life I never saw such a melancholy graveyard.

" There is the old postmaster's grave," the boy
told me, jumping on to a mound of sand, in which
was fixed a black cross with a brass image.

" And the lady came here ? " I asked.

" She came here," Johnny answered. " I
watched her from a distance. She lay down here

[1] See page 7, note 2.

на неё издали.   Она легла здесь и лежала долго. А там барыня пошла в село и призвала попа, дала ему денег и поехала, а мне дала пятак серебром... славная барыня !»

И я дал мальчишке пятачок и не жалел уже ни о поездке, ни о семи рублях, мною истраченных.

and she remained lying for a long time. And then the lady went into the village and called the priest, gave him money and went away. But she gave me a silver five-copeck piece. A splendid lady ! "

And I, too, gave the boy a five-copeck piece, and I ceased to regret the journey or the seven roubles I had spent.

# ГРОБОВЩИК [1]

Последние пожитки гробовщика Адриана Прохорова были взвалены на похоронные дроги, и тощая пара в четвёртый раз потащилась с Басманной на Никитскую, куда гробовщик переселялся всем своим домом.

Заперев лавку, прибил он к воротам объявление о том, что дом продаётся и отдаётся в наймы, и пешком отправился на новоселье. Приближаясь к жёлтому домику, так давно соблазнявшему его воображение и, наконец, купленному им за порядочную сумму, старый гробовщик чувствовал с удивлением, что сердце его не радовалось.

Переступив за незнакомый порог и нашёд в новом своём жилище суматоху, он вздохнул о ветхой лачужке, где в течение осьмнадцати лет всё было заведено самым строгим порядком

Стал бранить обеих своих дочерей и работницу за их медленность и сам принялся им помогать. Вскоре порядок установился; кивот с образами,[2] шкап с посудою, стол, диван и

---

# THE UNDERTAKER [1]

THE last of Adrian Prochoroff's belongings were loaded on to the hearse and the lean pair of horses dragged themselves along for the fourth time, from Basmannaya Street to Nikitskaya Street, whither the undertaker was removing with his whole household.

Having closed the shop, he affixed a notice to the door to the effect that the house was for sale or to let, and betook himself on foot to his new abode. Approaching the little yellow house, which had for so long fascinated his imagination and at last had been bought by him for a considerable sum, the old undertaker felt with surprise that his heart did not rejoice.

Having stepped across the strange threshold and found (everything in) confusion in his new dwelling, he sighed for the old house, where, in the course of eighteen years, everything had been carried on with the strictest order.

He began to scold his two daughters and the servant for their slowness, and set about helping them. Soon order was established. The shrine with the ikons,[2] the cupboard with the dishes, the

---

[1] This story, which contains rather more humour of a peculiar kind than is suggested by the title, affords the only instance in Pushkin's works of his dealing with the world of tradesmen.

[2] The образ or икона is a sacred picture representing the Deity or some saint.

кровать заняли им определённые углы в задней комнате.

В кухне и гостиной поместились изделия хозяина: гробы всех цветов и всякого размера, также шкапы с траурными шляпами, мантиями и факелами.[1]

Над воротами возвысилась вывеска, изображающая дородного Амура с опрокинутым факелом в руке, с подписью: «Здесь продаются и обиваются гробы простые и крашеные, также отдаются на прокат и починяются старые». Девушки ушли в свою светлицу; Адриан обошёл своё жилище, сел у окошка и приказал готовить самовар.

Просвещённый читатель ведает, что Шекспир и Вальтер Скотт[2] оба представили своих гробокопателей людьми весёлыми и шутливыми, дабы сей противоположностию сильнее поразить наше воображение. Из уважения к истине, мы не можем следовать их примеру и принуждены признаться, что нрав нашего гробовщика совершенно соответствовал мрачному его ремеслу.

Адриан Прохоров обыкновенно был угрюм и задумчив. Он разрешал молчание разве только для того, чтоб журить своих дочерей, когда заставал их без дела глазеющих в окно на прохожих, или чтоб запрашивать за свои произведения преувеличенную цену у тех, которые имели несчастие (а иногда и удовольствие) быть в них нуждаться.

И так, Адриан, сидя под окном и выпивая седьмую чашку чаю, по своему обыкновению,

---

[1] Сорт свечей употребляемых при похоронных церемониях.

[2] См., например, *Гамлет*, действие V, явление 1, и *Bride of Lammermoor*, глава 24.

table, the sofa and the bed occupied the corners appointed for them in the back-room.

In the kitchen and the sitting-room were placed the master's stock-in-trade: coffins of all colours and every size; likewise cupboards with mourning hats, cloaks, and torches.[1]

Over the door was hung out a sign representing an obese Cupid with a torch reversed in his hand, with the words written beneath: "Here plain and painted coffins are sold and fitted up, also given out on hire, and old ones repaired." The girls went away to their little room. Adrian made a tour of his dwelling, sat down at the tiny window and ordered the samovar to be prepared.

The enlightened reader knows that Shakespeare and Walter Scott both represented their grave-diggers as cheerful, merry folks,[2] in order to strike our imagination (the) more strongly by this contrast. Out of respect for the truth we cannot follow their example, and we are obliged to confess that the disposition of our undertaker corresponded perfectly with his gloomy trade.

Adrian Prochoroff was usually morose and pensive. He would sometimes interrupt his silence, (but) only for the purpose of chiding his daughters when he found them idle (and) looking out of the window at the passers-by, or of asking an increased price for his wares from those who had the mis-fortune—(if it were not) sometimes even a satisfac-tion—to need them.

So Adrian, sitting at the window and drinking his seventh cup of tea, according to his custom,

[1] Really ' candles ' for use at burials.

[2] See, for example, *Hamlet*, Act V, Scene 1, and *The Bride of Lammermoor*, chap. xxiv.

был погружён в печа́льные размышле́ния. Он ду́мал о проливно́м дожде́, кото́рый, за неде́лю тому́ наза́д, встре́тил у са́мой заста́вы по́хороны отставно́го бригади́ра.

Мно́гие ма́нтии от того́ су́зились, мно́гие шля́пы покоро́бились. Он предви́дел немину́емые расхо́ды, и́бо да́вний запа́с гробовы́х наря́дов приходи́л у него́ в жа́лкое состоя́ние. Он наде́ялся вы́местить убы́ток на ста́рой купчи́хе Трю́хиной, кото́рая уже́ о́коло го́да находи́лась при́ смерти. Но Трю́хина умира́ла на Разгуля́е,[1] и Про́хоров боя́лся, чтоб её насле́дники, несмотря́ на своё обеща́ние, не полени́лись посла́ть за ни́м таку́ю даль и не сторгова́лись бы с ближа́йшим подря́дчиком.

Сий размышле́ния бы́ли пре́рваны неча́янно тремя́ франмасо́нскими уда́рами в дверь.

«Кто там?» спроси́л гробовщи́к.

Дверь отвори́лась, и челове́к, в кото́ром с пе́рвого взгля́да мо́жно бы́ло узна́ть немца-реме́сленника, вошёл в ко́мнату и с весёлым ви́дом приблизи́лся к гробовщи́ку.

«Извини́те, любе́зный сосе́д», сказа́л он тем ру́сским наре́чием, кото́рое мы без сме́ха доны́не слы́шать не мо́жем: «извини́те, что я вам помеша́л... я жела́л поскоре́е с ва́ми познако́миться. Я сапо́жник, и́мя моё Го́тлиб Шульц, и живу́ от вас че́рез у́лицу, в э́том до́мике, что про́тив ва́ших око́шек. За́втра пра́здную мою́ сере́бряную сва́дьбу, и прошу́ вас и ва́ших до́чек отобе́дать у меня́ по-прия́тельски».

Приглаше́ние бы́ло благоскло́нно при́нято. Гробовщи́к проси́л сапо́жника сади́ться и вы́ку-

1 Улица в Москве

was sunk in melancholy reflection. He was thinking of the pouring rain which, a week before, had surprised the funeral of the retired brigadier (before it had passed) even the town gate.

Thereby many cloaks had been shrunk, and many hats put out of shape. He foresaw unavoidable expenditure, for his ancient stock of mourning attire was getting into a piteous condition. He was hoping to make a profit on old Tryuchina, the merchant's wife, who, for about a year now, had been lying at death's door, but Tryuchina was dying in Rasgulyai,[1] and Prochoroff was afraid that her heirs, in spite of their promise, would be too lazy to send such a distance for him, and would come to an arrangement with the nearest undertaker.

These meditations were unexpectedly interrupted by three masonic taps at the door.

" Who is there ? " asked the undertaker.

The door opened, and a man, in whom one could recognize at the first glance a German tradesman, entered the room and, with a cheerful air, approached the undertaker.

" Excuse me, dear neighbour," he said in that Russian dialect which even now we cannot hear without a smile," excuse me for troubling you. . . . I wanted to become acquainted with you as soon as possible. I am a shoemaker, my name is Gottlieb Schultz, I live across the street from you in that little house which is over against your windows. To-morrow I am celebrating my silver wedding, and I invite you and your daughters to dine with me as friends among friends."

The invitation was courteously accepted. The undertaker asked the shoemaker to sit down, and

---

[1] Means ' Promenade (Street).'

шать ча́шку ча́ю, и благодаря́ откры́тому нра́ву Го́тлиба Шу́льца, вско́ре они́ разговори́лись дружелю́бно.

«Каково́ торгу́ет ва́ша ми́лость?» спроси́л Адриа́н.

«Э-хе-хе», отвеча́л Шульц: «и так, и сяк. Пожа́ловаться не могу́. Хоть, коне́чно, мой това́р не то, что ваш: живо́й без сапо́г обойдётся, а мёртвый без гро́ба не живёт».[1]

«Су́щая пра́вда»,[2] заме́тил Адриа́н, «одна́ко ж, е́сли живо́му не́ на что купи́ть сапо́г, то, не прогне́вайся, хо́дит он и босо́й; а ни́щий мертве́ц и да́ром берёт себе́ гроб».

Таки́м о́бразом бесе́да продолжа́лась у них ещё не́сколько вре́мени; наконе́ц, сапо́жник встал и прости́лся с гробовщико́м, возобновля́я своё приглаше́ние.

На друго́й день, ро́вно в двена́дцать часо́в, гробовщи́к и его́ до́чери вы́шли из кали́тки новоку́пленного до́ма и отпра́вились к сосе́ду. Не ста́ну описывать ни ру́сского кафта́на[3] Адриа́на Про́хорова, ни европе́йского наря́да Акули́ны и Да́рьи, отступя́ в сем слу́чае от обы́чая, при́нятого ны́нешними романи́стами. Полага́ю, одна́ко ж, не изли́шним заме́тить, что о́бе деви́цы наде́ли жёлтые шля́пки и кра́сные башмаки́, что быва́ло у них то́лько в торже́ственные слу́чаи.

Те́сная кварти́рка сапо́жника была́ напо́лнена гостя́ми, бо́льшею ча́стию не́мцами-ремесленни-

---

[1] Англ.: обыкновенно 'get along without,' 'manage without,' 'do without,' т.е. «обходиться без.»

[2] Англ.: совершенно верно.

[3] Старинная русская верхняя мужская широкая одежда с поясом.

drink a cup of tea, and, thanks to the frank disposition of Gottlieb Schultz, they were soon chatting in friendly fashion.

"How is trade with you, my dear sir?" asked Adrian.

"Hm, hm," answered Schultz. "So, so. I can't complain, although, after all, my goods are not just the same as yours: a living man will get along without shoes, but a dead man cannot live without a coffin.[1]"

"That's quite true,[2]" remarked Adrian, "all the same, if a living man has not the wherewithal to buy shoes, then you don't worry, if he goes about barefoot. But a beggar, when he dies, does get a coffin for nothing."

In this wise conversation went on between them for some time longer. At last the cobbler rose and bade farewell to the undertaker, repeating his invitation.

The next day, punctually at twelve o'clock, the undertaker and his daughters came out of the low door of the newly-purchased house, and betook themselves to the neighbour's. I am not going to describe either Adrian's Russian kaftan [3] or the European finery of Akulina and Darya, departing in this respect from the accepted custom of present-day novelists. I do not, however, consider it superfluous to note that both girls had put on yellow hats and red shoes, which was usual with them only on high-days and holidays.

The cobbler's poky little room was filled with guests, for the most part German tradesmen with

[1] This is the literal rendering of the original.

[2] Russ.: the essential truth, *i.e.* the essence of truth, the very truth.

[3] An old-fashioned long and loose-fitting over-garment with a girdle, worn by men.

ками, с их жёнами и подмастерьями. Из русских чиновников был один будочник, чухонец Юрко, умевший приобрести, несмотря на своё смиренное звание, особенную благосклонность хозяина. Лет двадцать пять служил он в сем звании верою и правдою, как почталион Погорельского.[1]

Пожар двенадцатого года, уничтожив первопрестольную столицу, истребил и его жёлтую будку. Но тотчас по изгнании врага, на её месте явилась новая, серенькая с белыми колонками дорического ордена, и Юрко стал опять расхаживать около неё с *секирой и в броне сермяжной.*

Он был знаком большей части немцев, живущих около Никитских ворот: иным из них случалось даже ночевать у Юрки с воскресенья на понедельник.

Адриан тотчас познакомился с ним, как с человеком, в котором рано или поздно может случиться иметь нужду, и как гости пошли за стол, то они сели вместе.

Господин и госпожа Шульц и дочка их, семнадцатилетняя Лотхен, обедая с гостями все вместе, угощали и помогали кухарке служить. Пиво лилось. Юрко ел за четверых. Адриан ему не уступал; дочери его чинились; разговор на немецком языке час от часу делался шумнее.

Вдруг хозяин потребовал внимания, и, откупоривая засмолённую бутылку, громко произнёс по-русски: «За здоровье моей доброй Луизы!»

Полушампанское запенилось, хозяин нежно

---

[1] Тип верного слуги у Погорельского, современника Пушкина.

their wives and journeymen. Of Russian officials
there was one present, an Esthonian night-watchman, named Yurko, who had managed, in spite of
his humble calling, to gain the special goodwill
of his host. For some twenty-five years he had
served in this vocation " with fidelity and truth,"
like Pogoryelsky's postillion.[1]

The conflagration of 1812, which had destroyed
the old capital, had also wiped out his little yellow
watchman's hut. But immediately after the expul-
sion of the enemy a new hut appeared in its place,
a little grey one with diminutive white columns
of the Doric order, and Yurko began once more
to pace up and down in front of it with pole-axe
and in his armour, his coarse grey (uniform).

He was known to the majority of the Germans
living in the vicinity of the Nikitsky Gate ; it
fell to the lot of some of them even to spend the
night from Sunday to Monday in Yurko's keeping.

Adrian immediately made himself acquainted
with him, as a man whom, sooner or later, he might
happen to need, and when the guests took their
places at table, these two sat down together.

Mr. and Mrs. Schultz and their seventeen-year-
old daughter Lotty, while dining together with
their guests, were entertaining them and (at the
same time) helping the cook to serve. The beer
was flowing. Yurko ate for four ; Adrian kept pace
with him, but his daughters behaved with propriety. The conversation, (carried on) in German,
grew noisier as time went on.

Suddenly the host called for attention, and,
uncorking a sealed bottle, shouted in Russian :
" To the health of my worthy Louisa ! "

The mock champagne flowed, the host tenderly

[1] The type of the faithful servant in P., a contemporary
of Pushkin's.

поцеловал свежее лицо сорокалетней своей подруги, и гости шумно выпили за здоровье доброй Луизы.

«За здоровье любезных гостей моих!» провозгласил хозяин, откупоривая вторую бутылку—и гости благодарили его, осушая вновь свои рюмки. Тут начали здоровья следовать одно за другим: пили здоровье каждого гостя особливо, пили здоровье Москвы и целой дюжины германских городков, пили здоровье всех цехов вообще и каждого в особенности, пили здоровье мастеров и подмастерьев.

Адриан пил с усердием[1] и до того развеселился, что сам предложил какой-то шутливый тост. Вдруг один из гостей, толстый булочник, поднял рюмку и воскликнул: «За здоровье тех, на которых мы работаем, unserer Kundleute!»

Предложение, как и все, было принято радостно и единодушно. Гости начали друг другу кланяться, портной сапожнику, сапожник портному, булочник им обоим, все булочнику и так далее. Юрко, посреди сих взаимных поклонов, закричал, обратясь к своему соседу. «Что же? пей, батюшка, за здоровье своих мертвецов!»

Все захохотали, но гробовщик почёл себя обиженным, и нахмурился. Никто того не заметил, гости продолжали пить, и уже благовестили[2] к вечерне, когда встали из-за стола.

Гости разошлись поздно, и по большей части навеселе. Толстый булочник и переплётчик, коего лицо казалось в красненьком сафьян-

---

[1] Англ.: стойкo.

[2] Англ.: колокола звонили.

kissed the fresh cheeks of his forty-year-old help-
mate, and the guests noisily emptied their glasses
to the health of the worthy Louisa.

" To the health of my dear guests," proposed
the host, uncorking a second bottle. And his
guests thanked him, draining their glasses once
more, and now toasts began to follow one after
the other : they drank the health of each guest
separately, they drank to the health of Moscow,
they drank to the health of a whole dozen German
towns, they drank to the health of all the trade-
guilds in general and of each one in particular,
they drank to the health of masters and men.

Adrian was drinking steadily,[1] and he became so
exhilarated that he himself proposed what he
intended for a merry toast. Suddenly, one of the
guests, a fat baker, raised his glass and cried
out : " To the health of those for whom we work,
our customers ! "

The proposal, like all the others, was joyfully
and unanimously accepted. The guests began to
bow to each other, the tailor to the shoemaker,
the shoemaker to the tailor, the baker to them
both, all of them to the baker, and so forth.
Yurko, in the midst of these reciprocal greetings,
exclaimed, turning to his neighbour : " I say, old
man, drink to the health of your dead men ! "

Everybody burst out laughing, but the undertaker regarded himself as insulted, and his face
darkened. Nobody noticed him. The guests went
on drinking and the church bells were already
ringing[2] for vespers when they rose from the table.

It was late when the guests separated and for
the most part (they were) rather merry. The fat
baker and the bookbinder, whose face looked (as

---

[1] Russ.: with assiduity or zeal.

[2] Благовѣстить=to ring the bells for church. It really
says ' to publish good tidings'.

ном переплёте, под руки отвели Юрку в его
будку, наблюдая в сём случае русскую посло-
вицу: «долг платежом красен».

Гробовщик пришёл домой пьян и сердит.
«Что ж, это, в самом деле?» рассуждал
он вслух: «чем ремесло моё нечестнее прочих?
разве гробовщик брат палачу? чему смеются
басурмане? разве гробовщик гаёр святочный?[1]
Хотелось было мне позвать их на новоселье,
задать им пир горой[2]; ин[3] не бывать же тому!
А созову я тех, на которых работаю: мертвецов
православных».

«Что ты, батюшка?» сказала работница, которая в это время разувала его; «что ты это
городишь? Перекрестись! Созывать мёртвых
на новоселье! Экая страсть!»

«Ей-Богу, созову», продолжал Адриан: «и
на завтрашний же день. Милости просим, мои
благодетели, завтра вечером у меня попировать;
угощу, чем Бог послал».

С этим словом гробовщик отправился на
кровать и вскоре захрапел.

На дворе было ещё темно, как Адриана
разбудили.

Купчиха Трюхина скончалась в эту самую
ночь, и нарочный от её приказчика прискакал
к Адриану верхом с этим известием. Гробовщик дал ему за то гривенник на водку,

---

[1] Англ.: гаёр при шумном весельи на Рождестве.
[2] Англ.: первоклассный пир.
[3] «Ин» (инда)—народное слово=«так что».

if it were) bound in red morocco, (took) Yurko by
the arms (and) led him away to his watch-house,
observing in this case the Russian proverb, " A
debt is a fine thing when it is paid."

The undertaker came home drunk and angry.

" Why should it be so, indeed ? " he reasoned
aloud. " In what respect is my trade less honourable than the rest ?   Is an undertaker brother
to the hangman ?   What were these unbelievers
laughing at ?   Is an undertaker (like) a buffoon
at a Christmas revel ? [1]   I was thinking of inviting
them to a house-warming, of giving them a first-
class [2] dinner.   They won't have it now ! [3]   But I 'll
invite those for whom I work : my orthodox dead."

" What are you saying, sir ? " said the servant,
who all this time was taking off his boots.   " What
nonsense are you talking ?   Cross yourself !
Summon the dead to a house-warming !   What
a terrible thing to say ! "

" By God and I will summon them," continued
Adrian.   " And (no later than) to-morrow either.
I bid you welcome, my benefactors, (come and)
banquet with me to-morrow evening ; I shall
entertain you with what God has vouchsafed."

With these words the undertaker got into bed
and soon began to snore.

Outside it was still dark when Adrian was
awakened.

The wife of merchant Tryuchin died the same
night, and a messenger (sent) by her shop-manager
came galloping to Adrian with the news.   For his
trouble the undertaker gave him ten copecks as

---

[1] Святочный is the adjective formed from Святки, which
is the period from Christmas till Twelfth Night.

[2] Russ. : a feast like a mountain.

[3] Ин ог инда is a popular word=' so ' or ' so that.'   The
whole phrase means : ' Well, it's not to be anyhow.'

оделся наскоро, взял извозчика и поехал на Разгуляй.

У ворот покойницы уже стояла полиция и расхаживали купцы, как вороны, почуя мёртвое тело. Покойница лежала на столе, жёлтая как воск, но ещё не обезображенная тлением. Около неё теснились родственники, соседы и домашние. Все окна были открыты; свечи горели; священники читали молитвы.

Адриан подошёл к племяннику Трюхиной, молодому купчику в модном сюртуке, объявляя ему, что гроб, свечи, покров и другие похоронные принадлежности тотчас будут ему доставлены во всей исправности.

Наследник благодарил его рассеянно, сказав, что о цене он не торгуется, а во всём полагается на его совесть. Гробовщик по обыкновению своему, побожился, что лишнего не возьмёт, значитсльным взглядом обменялся с приказчиком и поехал хлопотать.

Целый день разъезжал с Разгуляя к Никитским воротам и обратно; к вечеру всё сладил и пошёл домой пешком, отпустив своего извозчика.

Ночь была лунная. Гробовщик благополучно дошёл до Никитских ворот. У Вознесения окликал его знакомец наш Юрко и, узнав гробовщика, пожелал ему доброй ночи. Было поздно. Гробовщик подходил уже к своему дому, как вдруг показалось ему, что кто-то подошёл к его воротам, отворил калитку и в неё скрылся.

«Что бы это значило?» подумал Адриан. «Кому до меня нужда? Уж не вор ли ко мне

a tip, dressed quickly, took a cab and drove to Rasgulyai.

The police were already stationed at the door of the dead woman's house and tradesmen were passing in and out, like crows getting wind of a corpse. The body was lying on a table, as yellow as wax but not yet disfigured by corruption. Around it was a throng of relatives, neighbours and friends. All the windows were open, candles were burning and the clergy were reading prayers.

Adrian went up to Tryuchina's nephew, a young merchant in a small way, who was wearing a fashionable frock-coat, intimating to him that the coffin, candles, pall and other appurtenances for the funeral would be supplied with utmost punctuality.

The heir thanked him in an absent way, saying that he would not haggle about the cost, and that in everything he would rely upon the undertaker's conscientiousness. The latter, as was his custom, swore that he would not take too much, exchanged a significant glance with the shopman, and went away to make arrangements.

The whole day he was driving to and fro between Rasgulyai and the Nikitsky gate. Towards evening he had settled everything and went home on foot, having dismissed his cabman.

It was a moonlight night. The undertaker had safely reached the Nikitsky gate. At the church of the Assumption our acquaintance Yurko hailed him and, when he had recognized the undertaker, wished him a good-night. It was late. The undertaker was already approaching his own house, when suddenly it seemed to him that somebody had gone up to the entrance, had opened the door, and vanished within.

"What can that mean?" thought Adrian. "Who (is there that) needs me (now)? Surely it

забра́лся? Не хо́дят ли любо́вники к мои́м ду́рам? Чего́ до́брого!»[1]

И гробовщи́к ду́мал уже́ кли́кнуть себе́ на по́мошь прия́теля своего́ Юрку. В э́ту мину́ту кто́-то ещё прибли́зился к кали́тке и собира́лся войти́, но, уви́дя бегу́щего хозя́ина, останови́лся и снял треуго́льную шля́пу. Адриа́ну лицо́ его́ показа́лось знако́мо, но второпя́х не успе́л он поря́дочно его́ разгляде́ть.

«Вы пожа́ловали ко мне», сказа́л запыха́вшись Адриа́н: «войди́те же, сде́лайте ми́лость».

«Не церемо́нься, ба́тюшка», отвеча́л тот глу́хо: «ступа́й себе́ вперёд; ука́зывай гостя́м доро́гу!»

Адриа́ну и не́когда бы́ло церемо́ниться. Кали́тка была́ отперта́, он пошёл на ле́стницу, и тот за ним. Адриа́ну показа́лось, что по ко́мнатам его́ хо́дят лю́ди.

«Что за дья́вольщина!» поду́мал он, и спеши́л войти́... тут но́ги его́ подкоси́лись. Ко́мната была́ полна́ мертвеца́ми. Луна́ сквозь о́кна освеща́ла их жёлтые и си́ние ли́ца, ввали́вшиеся рты, му́тные, полузакры́тые глаза́ и вы́сунувшиеся носы́...

Адриа́н с у́жасом узна́л в них люде́й, погребённых его́ стара́ниями, и в го́сте, с ним вме́сте воше́дшем, бригади́ра, похоро́ненного во вре́мя проливно́го дождя́.

Все они́, да́мы и мужчи́ны, окружи́ли гробовщика́ с покло́нами и приве́тствиями, кро́ме одного́ бедняка́, неда́вно да́ром похоро́ненного, кото́рый, со́вестясь и стыдя́сь своего́ ру́бища, не приближа́лся, и стоя́л смире́нно в углу́.

[1] Разуме́ется: чего доброго мне ждать? Англ.: ничего очень прия́тного во всяком случае.

is not a thief paying my shop a visit ? Or will it be lovers going in to those silly daughters of mine ? Nothing very pleasant anyway ! [1]"

And the undertaker was already thinking of calling for the help of his friend Yurko. At that moment, somebody else approached the door and was preparing to enter, but seeing the master running up, he stopped and took off his three-cornered hat. The man's face seemed familiar to Adrian but, in his hurry, he did not manage to make it out properly.

"You were coming to see me," said Adrian panting ; " just do me the favour to step in."

"Don't stand upon ceremony, old man," answered the person in hollow tones. "Step in front yourself ; show your guests the way ! "

And Adrian had no time to stand upon ceremony. The door was opened, he went upstairs, and the stranger went after him. It seemed to Adrian that people were moving about in his rooms.

"What devilry is this ? " he began to think, and hastened to enter, but just then his legs bent under him—the room was filled with dead people. The moon, (shining) through the windows, lit up their yellow and blue faces, their sunken mouths, their glazed, half-closed eyes and prominent noses.

With terror Adrian recognized in them the people who had been buried by his agency, and in the guest who had come in along with him, the brigadier, who had been buried during the heavy rain.

All of them, ladies and gentlemen, surrounded the undertaker, with salutations and greetings, all except one poor fellow who had been buried not long before as a pauper and who, feeling disconcerted and ashamed because of his rags, did not come near but was standing humbly in the corner.

---

[1] Understand : Чего доброго мне ждать ? *i.e.* What good can I expect ?

# ГРОБОВЩИК

Прочие все одеты были благопристойно: покойницы в чепцах и лентах, мертвецы чиновные в мундирах, но с бородами небритыми, купцы в праздничных кафтанах.

«Видишь ли, Прохоров», сказал бригадир от имени всей честной компании, «все мы поднялись на твоё приглашение; остались дома только те, которым уже не в мочь, которые совсем развалились, да у кого остались одни кости без кожи; но и тут один не утерпел —так хотелось ему побывать у тебя...»

В эту минуту маленький скелет пробрался сквозь толпу и приблизился к Адриану. Череп его ласково улыбался гробовщику. Клочки светлозелёного и красного сукна и ветхой холстины кой-где висели на нём, как на шесте, а кости ног бились в больших ботфортах, как пестики в ступах.

«Ты не узнал меня, Прохоров», сказал скелет. «Помнишь ли отставного сержанта гвардии Петра Петровича Курилкина, того самого, которому в 1799 году ты продал первый свой гроб—и ещё сосновый за дубовый?»

С сим словом мертвец простёр ему костяные объятия; но Адриан, собравшись с силами закричал и оттолкнул его. Пётр Петрович пошатнулся, упал и весь рассыпался.

Между мертвецами поднялся ропот негодования; все вступились за честь своего товарища, пристали к Адриану с бранью и угрозами, и бедный хозяин, оглушённый их криком и почти задавленный, потерял присутствие духа, сам упал на кости отставного сержанта гвардии и лишился чувств.

The others were all respectably dressed : the deceased women in caps and bands, the dead men who had been officials, in their uniforms but with unshaven beards, the merchants in their Sunday kaftans.

" You see, Prochoroff," said the brigadier, in the name of the whole honourable company, " we've all arisen (in response) to your invitation. Only those have remained at home for whom it was quite impossible (to come), who have quite fallen to pieces, and of whom there was nothing left but dry bones. But there is one who couldn't bear (to remain behind), so anxious was he to visit you."

At that moment a little skeleton forced its way through the crowd and approached Adrian. His skull smiled affably to the undertaker. Bits of light green and red cloth and old linen were hanging on him here and there, as on a pole, and the bones of his feet were clattering in his big jack-boots like pestles in mortars.

" You don't recognize me, Prochoroff," said the skeleton. " Do you remember the retired sergeant of the Guards, Peter Petrovitch Kurilkin, the man to whom you sold, in 1799, your first coffin, and a pine one too instead of an oak one ? "

With these words the dead man extended to him a bony embrace, but Adrian, gathering himself together with an effort, cried out and thrust him away. Peter Petrovitch tottered and fell, and completely crumbled to dust.

A murmur of indignation arose among the dead people ; they all stood up for the honour of their companion, approached Adrian with reviling and threats, and the poor host, deafened by their cries and almost crushed (to death), lost his presence of mind and himself fell over the bones of the discharged sergeant of the Guards and lost consciousness.

# ГРОБОВЩИК

Солнце давно уже освещало постелю, на которой лежал гробовщик. Наконец открыл он глаза и увидел пред собою работницу, раздувающую самовар. С ужасом вспомнил Адриан все вчерашние происшествия. Трюхина, бригадир и сержант Курилкин смутно представились его воображению. Он молча ожидал, чтоб работница начала с ним разговор и объявила о последствиях ночных приключений.

«Как ты заспался батюшка, Адриан Прохорович», сказала Аксинья, подавая ему халат. «К тебе заходил сосед портной, и здешний будочник забегал с объявлением, что сегодня частный [1] именинник, да ты изволил почивать, и мы не хотели тебя разбудить».

«А приходили ко мне от покойницы Трюхиной?»

«Покойницы? Да разве она умерла?»

«Эка дура! Да не ты ли пособляла мне вчера улаживать её похороны?»

«Что ты, батюшка, не с ума ли спятил, аль хмель ещё у тя не прошёл? Какие были вчера похороны? Ты целый день пировал у немца, воротился пьян, завалился в постель, да и спал до сего часа, как уж к обедне отблаговестили».

«Ой ли?» сказал обрадованный гробовщик.

«Вестимо так», отвечала работница.

«Ну, коли так, давай скорее чаю, да позови дочерей».

---

[1] Значит, «пристав». Англ.: пристав.

# THE UNDERTAKER

The sun had been long since shining upon the bed on which the undertaker was lying when at last he opened his eyes and saw the servant before him blowing (upon the fuel in) the samovar. With terror Adrian recalled all the happenings of the evening before. Tryuchin's wife, the brigadier and sergeant Kurilkin appeared confusedly before his imagination. He remained silent, expecting that the maid would begin a conversation with him and let him know of the sequel to his night's adventures.

"What a long time you have slept, sir," said Axinya, giving him his dressing-gown. "Your neighbour, the tailor, called, and the local night-watchman ran along with the intimation that this was the inspector's [1] birthday, but you were pleased to go on sleeping and we did not wish to awaken you."

"But has anyone come to see me from the late wife of Tryuchin?"

"The late wife? Is she dead then?"

"What a stupid! Why, didn't you help me to arrange (things for) her funeral yesterday?"

"What is wrong with you, sir? Have you gone mad? Or have you not got over your intoxication yet? What funeral was there yesterday? All day you were feasting at the German's, you came home drunk, rolled into bed, and have been sleeping till now, the bells having already rung for service."

"Is that really true?" asked the undertaker overjoyed.

"It is certainly so," answered the servant.

"Well, if it is so, give me some tea as quickly as possible, and call my daughters."

---

[1] Частный (пристав) is the official in charge of an «участок», a district (ward) police-station in a city.

Printed in the United States of America